デモクラシーの宗教的基盤

オックスフォード・チャペル講話

古賀敬太・藤井哲郎 訳

The Nature of Religious Truth, The Good and the Clever
St. Paul and Kierkegaard

A.D.Lindsay

聖学院大学出版会

目次

凡例

（一）原文の“……”は、訳文では「……」とし、書名および特に必要と思われる抽象名詞には、『……』を用いた。なお文中の《　　》は、原文のイタリック体を示すものである。

（二）訳注は（　　）で示して、それぞれの著作の末尾に付した。

（三）訳者が必要に応じて加えた補足的文章は、すべて［　　］で囲んで、文中に挿入した。

（四）聖書からの引用は新改訳聖書（いのちのことば社）に依った。

1

宗教的真理の性格（一九二七年）

ベィリオル・カレッジにおける講話

序

本書に収録されているチャペル講話は、すべてベィリオル・カレッジ・チャペルで行なわれたものである。(1) ただし第七番目の「キリストの神性」は、一九二七年のインダストリアル・サンデイにオックスフォードの聖アルダーテス教会で行なわれた礼拝のために手直ししたものである。

本書のタイトルともなっている最後の論稿は、もともと講話であったものに、宗教的真理の性格に関する専門的な議論を付け加えて、敷衍したものである。その所で表明されている見解は、その前の一連の講話で語られていることの前提をなしている。赦しについての講話は、すでに『学生運動』誌において発表したものである。

私は、特定の聴衆のために書いたものを敢えて出版することにした。というのも私の経験によれば、今日非常に多くの人々がキリスト教の教義を真実と考えず、さりとて誤りともみなさず、ただ無意味なものとみなしているからである。そのわけは、彼らがこれらの教義に含まれている諸々の現実的な論点に無関心だからではなく、伝承されてきた教義の言い回しを自分たちにとって明確で意味のあるものにするために必要ないかなる流儀も心得をも持ち合わせていないからである。こうした状況下で、諸々の論点や意味をいっそう直接的に理解可能なものとし、教義の中に含まれているアクチュアルな意味を探し求める試みは有益であろう。もちろんこのことがいかに困難な仕事であり、予期せぬ危険性を伴うかを私は十分に自覚している。

一　アーサー・ライオネル・スミスを記念して（2）

「ですから私たちは、キリストのはずかしめを身に負って、宿営の外に出て、みもとに行こうではありませんか。私たちは、この地上に永遠の都を持っているのではなく、むしろ後に来ようとしている都を探し求めているのです」（ヘブル人への手紙一三章一三、一四節）。

二ヵ月前に私たちは、学寮長（Master）がもはや健康を回復することができず、ただ天国への召しを待つだけだということを知りましたが、その頃私はこの聖句についての学寮長の講話を聞きました。その講話は、私にとって学寮長の生涯や影響力そしてベィリオル・カレッジの精神の秘密を極めて適切に表現しているように思われたので、今夜学寮長にここに来てもらい、今一度講話をしてもらいたいと思ったほどです。そうすれば私は、「これこそ学寮長の人となりを示すものであり、ベィリオルを偉大にしたものです」と言うことができたでしょう。

そうすることができないのは残念です。私ができることといえば、学寮長がそのとき語ったことや、彼の言葉によって私が抱くに至った考えのいくばくかを、あなたがたに伝えることだけなのです。

彼は、講話を始めるにあたって、この聖句の《宿営》（camp）という言葉が常設的なローマの宿営を意味していると説明しました。このローマの宿営は、外国における占領軍の駐屯地であり、異邦の地でローマが象徴しているものを保持し続けているものです。この宿営はしばしば常設されたので、人々は宿営のある町に腰を落ち着けるようになり、その町から離れようとしなくなりました。こう述べて、彼はこの聖句に示されている光景を展開しました。そして私が彼の講話の中で最も鮮やかに記憶しているものこそこの光景なのです。「敵国における占領軍の宿営、そしてその門の一つから出征するというかすかな望みがあり、はるか遠くの地平線上には町が見える。それは町であろうか？　それとも日没時の雲によって作られたありもしない架空の建物にすぎないのであろうか？」

私たちは、ヘブル人への手紙の著者にとってこの光景がいかに大切であるかを理解することができます。著者は、彼が属するユダヤ民族の長い歴史的伝統を愛し、ユダヤ教の儀式の詳細やその伝統的な比喩的解釈――そのうちのいくつかに対して、私たちが共感を覚えるのは困難ですが――について長々と述べています。しかし著者はまた、この手紙の一一章が明らかにしているように、ユダヤの歴史が一群の信仰者によって光を与えられると述べています。彼らは、彼らの宿営の真の精神を、つまり宿営の防御施設や規則やその歴史的形態ではなく、その精神や目的を愛することを深く学んでいました。だから、彼らは「物事の表面や外観がどんなに美しくても、そのことを祈り願うものではないこと」を知っていました。また彼らは、安定した建物がそれ自体としては永遠の都たりえないことを知っており、常設の宿営を去り、それを越えていく覚悟をしていたのです。

常設された宿営のすべては有益でした。というのもそれは、以前宿営から出征していった人々が獲得してきたものを保存することに役立ったからです。これらの人々は皆、出征するときに、自分たちにとって安定して、確実で安全なもの——それらは永遠の都の要素を構成しているのですが——をことごとくあとに残して、実体のまったくない夢のような何かを求めているように思われました。しかし宿営は、より崇高なものとなり、より広くより深い生命を宿すようになっていきました。そうなったのは、宿営を愛すればこそ、彼らが進んでそれを越えていったからに他なりません。「もし出てきた故郷のことを思っていたのであれば、帰る機会はあったでしょう。しかし事実彼らは、さらにすぐれた故郷、すなわち天の故郷にあこがれていたのです。それゆえ、神は彼らの神と呼ばれることを恥となさいませんでした。事実、神は彼らのために都を用意しておられました」（ヘブル人への手紙一一章一五、一六節）。

したがってこの手紙の著者によれば、これらの人々を駆り立てている精神や信仰こそが、「望んでいることがらを《保証》するものである」と言えます。

ヘブル人への手紙の著者は、ユダヤ民族が宿営を設けてはそこを去るという過程で行ってきた数々の選択の中でも最も重大な選択に現在直面している、と考えました。過去の誰よりも律法や預言者を愛し敬った一人の人物が地上に来られました。彼は、以前の誰よりも一層断固たる決意を抱いて宿営を出て、「門の外で苦しまれた」のです。そしてこの方の出身であるユダヤ民族は、宿営に執着するか――宿営はすでにその任務を成し遂げており、すべての精神や生活は宿営から離れていたのですが――「キリストのはずかしめを身におって、宿営の外に出て、みもとに行くか」の選択を迫られたのです。したがって著者は、彼の民族が宿営の精神や歴史を愛し理解すればするほど、彼らは外に出て行く覚悟をしなければならないことを説明するために長い手紙を書いているのです。

このことは生命全般にあてはまる平明で単純な真理です。生物学における生命の歴史を見ても、また個人の性格の成長を見ても、はたまた社会の進化を見ても、この過程は明らかです。生命はいつも組織化するシステム、進化する諸々の形式やあれこれの種類の機構です。そのような構造、習慣、社会制度なくしては、「魂が獲得しうる高みを《保持》するという最も困難な仕事」はまったく不可能でしょう。しかし、もし生ける過程が停止するならば、もし成長の限界というものがあらかじめ決定されているならば、またもし建物がそれ自身の目的のために重んじられ、習慣が不変なものとして受け入れられ、社会制度ないしドグマが生命への奉仕者ではなく、支配者になるならば、死が必ずやってくることになるでしょう。

「自分のいのちを救おうとするものはそれを失う」というイエスの言葉があります。この言葉は一般には、その呼びかけに応じることのできる人はほとんどいないような高貴な行為にイエスが訴えたものと考えられています。それはある意味においては真実です。しかし私たちは皆、この真理を単純な事柄においてすでに確信しているのです。

私たちは単純な事柄において、形あるものとそれを越える精神の双方を持たなければならないことを認めています。私たちが骨なしで歩くことができるとか、骨が自分で歩くことができるとか、誰も考えません。しかし、霊的な事柄において、私たちはこれらの不可能なことが真実であるかのように振る舞う傾向が常にあります。それはあたかも詩がたんに規則に従うことによって書かれるとか、すばらしい感情の高まりが繰り返されることによってのみ書かれうるかのようです。

霊的な事柄においては、建物を建て、それを越えていく過程は無限の過程です。そして建物や組織は、いつも私たちにそれらを崇め、それらに生気を与えた精神を忘れ、常設の宿営にいつまでも留まるよう求めます。そのことが生じるとき、つまり人間が人間の作ったものを礼拝するとき、建物や組織は忌わしい偶像となるので、品位ある人間は、それらを礼拝することを放棄しようと努めるのです。つまり、常設の宿営は、一度活ける精神がそこから離れると、とても無慈悲となり規則にがんじがらめに縛られるので、巡礼者たらんとする人は、いやしくもいかなる種類の宿営をも否認し、砂漠の中で惨めにも滅んでしまうことになるのです。彼らが得たものはすべて異邦人の戦利品となります。

このカレッジにいる私たちにはよくわかるのですが、自分たちが敵国における武装した宿営にいるような感じをもつものです。つまり私たちはややもすると、自分たちの業績を自慢し、外にいるのは異邦人や犬のような連中でしかないと思い込むような、行き過ぎた自尊心に囚われてしまいがちです。しかし、このカレッジが得てきた栄誉は、そのような精神とは全く無縁です。もし私たちが、そのような精神に囚われて振る舞うとすれば、かの栄誉は失われ、ただ自分たちの卑しい目的だけが残るのです。私たちは皆このことをよくわかっているはずです。私たちが、ベィリオル・カレッジは世界中で最も素晴らしい場所だと、これからもずっと考え続けることができるのは、このカレッジをそれがかつてあったような状態に保つことができる限りにおいてなのです。つまり、このカレッジの交わりに与っているメンバーが、「だれでも人の上に立ちたいと思うなら、みなに仕えるものとなりなさい」という教訓——個人よりも集団の方がこの教えを学びにくいのですが——を学ぶことに努めることができる限りにおいてなのです。彼らは巡礼者の精神で満たされ、世才氏や俗才町に背を向け、シオンの山に顔を向けた人々でなければなりません。(3)

この精神こそ、学寮長を偉大な人物とし、彼を、彼の時代と彼の世代への良き奉仕者としたものです。彼はこのカレッジに強い愛と誇りを抱いていました。しかしまさにそれ故に彼は、カレッジがあらゆる必要を惜しむことなく、また躊躇することなく自らを捧げることを望んでおられたのです。そして学寮長自身そのことを実践してきたのです。彼はそうすることによって英国人の多くの生活領域へ影響を及ぼしました。オックスフォードについてまだほとんど聞いたことがない人々、聞いていたとしてもそれを尊大な制度で自分とは疎遠なものとしか考えていなかった人々の間にあって、ベィリオルの名を親しみのある身近なものにしたのです。彼は過ぎ去った時代を愛し、また自分の教え子たちにも、そうした時代を愛し敬うように教えました。しかも彼はそのことを並はずれてうまく行いました。というのも、彼は死せる骨を愛したのではなく、永遠に若い生ける人間精神を愛したからです。その精神は人々のうちに、もしくは、人々の諸々の制度の歩みのうちにいつでもどこでも見られるものなのです。彼はドグマにはほとんどといっていいほど、あるいはまったくと言っていいほど関心をもっていませんでした。というのも彼は神を見いだし、教え子にも神を見るよう教えましたが、それは体系や、抽象の中においてではなく、人間人格の最高の活動の中に神を見ることだったのです。

そして、畏敬の念を抱いて神的なものに可能な限り近づき、人間の中にある最も善きものを愛するというかの信念を私たちが持つことができたのは、学寮長の教えと活動から得られた最大の教訓であって、それこそこの手紙の教えるところに他なりません。人々は来るべき都について幾度も幾度も夢見、思いめぐらしました。その時彼らは、それを本質的に永続的で変化しない絶対的なものとして目にみえるように描こうとしました。彼らはそのために、ある一定の組織や諸々のルールの体系を、はたまた時代を越えた諸々の信念の定まった体系を構築しようと試みたのです。それは天のうちにとってのおかれた模範の輪郭をくっきりと描こうとしたものでしたが、聖徒たちにそうした確信が与えられたのは一度だけでした。そして、そのように絶対的な諸々の模範になるはずであったものが、つまるところ人間の手になるすべての他の作品と同様に、死すべきものであることが幾度も明らかになりました。そうした絶対的なものをつくりあげる試みが挫折するとき、人々はしばしば絶望し、シオンの山への確かな道標など存在しないと考えるのです。

人々がただ過去のことだけを考えていたり、あるいは過去のことを全然考えない間は、そのような道標は存在しないでしょう。また、彼らが自分たちの小さなサークルないし社会だけを考えるだけで、そのサークルへの愛から力を得てそれを越えて行くことを彼らが学ばないならば、そのような道標は存在しません。しかし、人間の交わりの確かな真理を学んだ人々は、そのような道標があることについて疑いを決して抱きませんでした。この手紙の著者は、そのような人々を雲のような多くの証人と呼ぶのです。

この手紙の著者は自分がどこへいくか確信していました。私たちは「キリストのはずかしめを身に負って彼のみもとに行く」のです。「信仰の創始者であり完成者であるイエスから目を離さない」（ヘブル人への手紙一二章二節）ことが大事です。「イエス・キリストは昨日も今日も、いつまでも同じなのです」（ヘブル人への手紙一三章八節）。著者にとってキリストはこのような存在でした。そして私たちもキリストをそのように理解しています。それはキリストが時間に制約された世界を何か魔法のように自動的に超越する存在だからでも、また永遠の天国にだけ住まれるからというのでもなく、はたまた彼が生成と衰退の世界を越えた永遠の世界に完全に属しているからでもありません。パウロが述べているように、イエスが「多くの兄弟の中の長子」であるから、というのが本当の理由です。

私たちは制度や教義についていくらでも議論することができます。そしてそのようなものはただ歴史的想像力や歴史的知識の助けを得て理解されるにすぎません。しかし良き人間の精神は、歴史の過程が触れることのできない永遠な何かを持っています。容易に理解でき、確実に守ることのできる単純にして不滅のものは、人間の中にある精神、すなわちこの手紙の著者が信仰と呼んでいるものなのです。そしてそのような精神において生き、このような信仰を持つ人々の模範に従う人々は、彼らの宿営を可能な限り都の近くに建てようとすることでしょう。

学寮長は、過去の歴史において、また現在の生活において、宿営を越えて行った長子の多くの兄弟たちを見いだすという並はずれた賜物をもっていました。彼は他の人々が雲のような証人を発見するために助力を惜しみませんでした。彼らの働きを前進させるために学寮長は神によって用いられたのです。それは彼が、すべての神の聖徒たちは「私たちが進むにつれて発見する火柱であり、私たちがそれに向かって進むところの都の輝ける尖塔である」という信仰を持っていたからなのです。

二　浪費（無駄）

「二羽の雀は、一アサリオンで売っているでしょう。しかし、そんな雀の一羽でも、あなたがたの父のお許しなしには地に落ちることはありません」（マタイの福音書一〇章二九節）。

戦争で生命を失ったカレッジのメンバーを目にみえる形で記念しようと、いくつもの変化がチャペルに生じて以来、私たちは今夜初めて会合しています。彼らを記念しようという思いは様々な形をとりました。私たちはすでに、彼らの名前が刻まれている銘板をチャペルの通路に掲げ、奉納しました。現在ベィリオル・カレッジが「宗教、学問、教育の場」としてのその役割をより良く果たすことを目的とした戦争記念基金が存在します。そしてその基金の一部は、チャペルを一層美しいところにするという明確な目的のためにとっておかれました。というのも、戦死者を記念することが私たちの宗教生活と何らかの形で結びつかなければならないという思いが私たちのうちにあり、そうした思いを形に表わす最もシンプルな方法は、目にみえる記念碑をチャペルの中に建てることであると思ったからです。

チャペルの中のこの記念碑は未だ完成していません。しかし、今あるチャペルであっても、それを初めて見た人は、戦争犠牲者の名前が刻み込まれている銘板に、特別な意味が込められていることに、今一度思いを馳せざるをえないでしょう。戦争に倒れたカレッジの一九二名のメンバーすべてを記念することが私たちの宗教生活と結びつくためにも、記念碑をチャペルの中に建てることは当然なのです。この考えがどれほど重要であるかを私たちは自らに問いかけることでしょう。これらの人々の死はともかくも私たちの信仰を証しています。また将来を十分嘱望された彼らのあまりにも早く一見無駄に見える死を想起する時、私たちは彼らの生命を惜しまない勇敢さに対して賛辞を呈さざるを得ないのです。それればかりではありません。彼らの死によって、私たちはより一層確信をもって神を信じることでしょう。このように考える限り、私たちには記念碑を建てる権利があるのです。彼らの死をそのように受け取ることが逆説であることは確かです。私たちはその逆説を直視すべきでしょう。

私たちはなに故に、戦死者記念をあえて私たちの宗教と結びつけるのでしょう。このような問いは不必要で不自然にみえるかもしれません。しかしキリスト教は、ある人物の犠牲を記念し、十字架という悲劇を賛美し、それに歓喜する宗教ではないでしょうか？　キリスト教の礼典のすべては、見捨てられた恥ずべきイエスの死を思い出し、それを繰り返し再現することを中心としているのではないでしょうか？　私たちがかの悲劇を記念することは、キリスト教のチャペルでこそ最もよくなされるのではないでしょうか？

たしかにそうなのです。現在に至るまで、キリストの死の上に、教義や制度の体系が築きあげられてきました。しかし、それがあまりにも親しく人々に受け入れられてきたので、恥ずべき死を宗教の中心におくという教えの異様さがさほど異様ではなくなったのです。十字架は何世紀にもわたって崇めるに値するシンボルとされてきたので、私たちの感情もそれに影響され、十字架が極悪人に対する刑であることを忘れているのです。もしキリストの十字架が私たちにとってつまずきでもなく、愚かなものでもないとすれば、それは必ずしも十字架が神の知恵や力であるからではありません。そうではなく、十字架がもはや私たちにとって重要な意味をまったく持っていないからなのです。したがって私たちは、十字架がある意味において、どれほどつまずきの石であり、どれほど愚かなことであることかを理解しなければなりません。

しかしこれらの人々の戦死は、私たちの心に鮮やかに焼き付いています。それは依然として第一義的には悲劇なのです。それは明らかに無意味で無益な死のように見えます。彼らや無数の人々の犠牲を通して英国は戦争に勝利しましたが、彼らの戦死はなかでも途方もない失敗の一部であるかもしれません。それは彼らの失敗ではなく、人類一般の失敗の一部であり、彼らの死はその失敗の代価の一部なのです。

戦後何年も経ってからこの記念碑を完成することには、おそらく何らかの意義が存在するでしょう。

戦争中私たちは皆、力強い熱狂、自我の忘却、人々の即座の献身——私たちが記念している人々は、そうして献身した人々の中のほんの一部にすぎません——にあまりにも深く動かされていました。ですから私たちは、こうしたことは十分な報いを受けて当然であると思いました。戦争が終わるときには、あの熱狂と献身によって、以前の世界とは異なった良い世界が出来上がるので、戦争の危険や恐怖を振り返る人々は、自分たちが耐えたことには意義があったと言うことができることを疑わなかったのです。戦死した人々がもし戦後の世界を訪れることができるとすれば、彼らは自分たちが体験した苦難が見事に報われている世界を見ることができると、確信していたのです。しかしこれらの希望は失望に終わりました。私たちは幻滅の時代、疑いと不信と恐怖に満ちた世界に住んでいるのです。私たちは戦争の傷跡をたんに戦死者に見るだけでなく、大多数の人々の精神的衰弱や道徳的基準の崩壊の中に見ているのです。私たちが戦争で果たした役割を後悔する必要はありません。もし私たちが勝利していなかったならば、私たちが戦った勢力はこの世界を一層邪悪な世界にしたことでしょう。このようなすぐれた努力がなければ、私たちは皆きっと一層深い泥沼に沈んでしまったことでしょう。しかし私たちは総じて、戦後の世界が戦前の世界より精神的に貧困で希望のない世界であると感じ取っています。少なくとも戦争で戦った世代は、彼らの苦しみや戦闘が報われるのを見ることはないでしょう。これらの事実を直視するならば、この世界にはほとんど宗教の入りこむ余地のないように見えます。そのような世界においては、「そんな雀一羽でも、あなたがたの父のお許しなしには地に落ちることはありません」（マタイの福音書一〇章二九節）という聖句に示されている澄みきった確信と信頼は、事実の完全な無視に基づく愚かな軽信のように思われるでしょう。私たちは、「あなたがたの頭の毛さえも皆数えられています」（同、一〇章三〇節）という聖句が証している全能で愛なる神の御手の中にこの世界が保たれていることを信じ続けることができるでしょうか？

私たちは、創造の神が雀の願いや戦いに無関心であると同様、私たちの願いや戦いにも無関心であり、人間や動物も含めたすべての命が無分別で無慈悲な力の虜になっていることを認めてはいけないのでしょうか？　戦争の恐怖、とりわけ戦争において集団が行なう浪費や愚行の恐るべき展開は、過去二百年の思想傾向が示しているように、分別なく神なき世界に対する信仰を最終的に確証したものであるように多くの人々には思われています。ニーチェは、『ツァラツストラかく語りき』の第一章をツァラツストラが老隠者と語るくだりで終えています。老隠者は、森の中で一人で住んでおり、「神を賛美し神に祈ることに」専心しています。しかしツァラツストラが一人になったとき、彼は「いったいこれはありうべきことだろうか？　この老いた超俗の人が森にいて、まだあのことを何も聞いていないとは。神は死んだ、ということを[4]」と自分の心に語りかけたのです。世界は非常に年をとり賢くなり、ほとんどの幻想を脱ぎ捨てましたが、それが脱ぎ捨てた最後の幻想は、神は人間のみならず雀をさえ顧みるということであると考えた人々もいました。彼らは、無益さや悲惨さに満ち満ちた戦争の衝撃が一般の人々にもたらしたものは、ただ科学がすでに発見していたことを確証しただけにすぎないと言うのです。つまり世界は非人間的な分別のない法則によって支配されており、神は死んだという報せを確証したにすぎないのだと言うのです。

このチャペルにこの記念碑を建てることは、そのような暗い考えの一切を否定することを意味します。というのも、その行為は、一見失敗や無駄と思われることのすべての中に、父なる神に対するより大きな確信と信仰を私たちに与えるものが含まれていることを表現しているからです。なぜ私たちは、神は死んだという暗い考えを否定すべきなのでしょうか？

最初に、神についての幾つかの考えや、いわゆる宗教の幾つかの形式が戦争によって無価値なものとなったことを認めましょう。神が父であるという教義は、私たちが神の子供であるだけでなく、神の甘やかされ過ぎた子であるという意味であるかのように、また神とこの偉大な世界は私たちだけの特殊な利益のために存在するという意味であるかのように、しばしば解釈されてきました。それはあたかもウェストミンスターの『小教理問答書』の有名な最初の答えが、「神の主要な目的は、人間を賛美し、人間を永遠に楽しませることである」というふうに書き直されているかのようです(5)。あの戦争以前の繁栄と安定の時代において私たちが受け入れた宗教は、人生の真の恐怖、困難さ、そして悲惨さをことごとく忘却したか、もしくは忘却したように自らを装ったのです。私たちはあたかも、雀は地に落ちないということを信じて初めて、神が父であることを信じることができるかのように思っていたのです。ヨブを慰めた人々が見事に擁護した宗教、あの古くからの大いに尊敬に値する感傷的な宗教が私たちの間で栄えたのです。私たちは、その種の宗教が戦争によって不可能にされたことを嘆く必要はないのです。また、もし私たちが神を信じることができたのは、ただ私たちが他人の苦しみに目を閉じる決心をしたからだとするならば、あるいは『天路歴程』に登場してくる「巧言町の私心氏」の言うように、「宗教がぼろ切れではなく銀のスリッパにおさまるときに私たちは熱心であった」[6]とするならば、戦争が私たちを無神論者にしたとしても、後悔する必要はないでしょう。

そうした宗教観は、物質的なものを獲得するために霊的なものを愛するような信仰に基づいています。それは、決して神を愛することではありません。宗教の偉大なリヴァイヴァルは、人々が神への奉仕と礼拝によって得られるだろうと期待した報酬や利益が取り去られたとき、繰り返し起こりました。というのも、人間が外的な世界において働いている神の足跡を見失い、いやしくも神が見いだされるならばまず最初に見いだされなければならないところ、つまり人間自身の心の中に神を見いだすよう駆り立てられるときに、宗教の偉大なリヴァイヴァルが起こるからなのです。

人間の失敗は、偉大な宗教的霊感を呼び起こすことができますし、また絶えず呼び起こしてきました。というのも、自分を失う者はそれを救うであろうという法則は、いのちに関してと同様、宗教に関しても真理だからです。福音書の物語は、この世の手段によってこの世を克服しようとすることをキリストが拒絶されたことから始まります。つまり魂を犠牲にするようなありふれた手段を用いて成功しようとする試みを放棄することから始まるのです。キリストにならってそのようにした人々は、まったくどこにも救いがないという深い意識の中にあっても、神が自分たちと共におられるという確信を持つことができたのです。

このような確信こそ、人間が信仰によって堅固な精神をもつことができることを証しするものなのですが、そのことに反論する人々がいます。また、人間の本性の尊厳やすばらしさは、人が犠牲を惜しまないで一心不乱に目的を追求するときにこそはっきりと認められる（この世がそんなことに関心を示すようにはみえないのですが）ということにも、彼らは反論するのです。また彼らは、人間が孤独で英雄的な戦いの中で神を信じるに至るとき、勝利は既に得られていること、また、人間がなすことは自分の力でなしているようにみえても、実は無限の力――その力の前では人間は単なる道具にすぎない――によってなされているという事実にも耳を傾けないのです。彼らの主張するところによると、すべてこうした信念はまったくの幻想にすぎず、人間の経験の強度の緊張が生み出す痛ましい誤りにすぎないことになります。彼らは、すべての英雄的な戦いは知らず知らずのうちに勝利の確信を生み出すとしても、そうした確信はしばしば失望に終わると考え、真に勇気ある人間とは、戦いながらも、何ら証拠のないことに望みを抱いて自らを欺いたりすることのない人間のことだと主張するのです。また彼らは、人間の精神は、人がある種の大義に、すなわち自分自身や事物の本性をはるかにこえた大義に自己を捧げることのできる時に最も称賛に値すると（彼らはそういうでしょうが、私たちからみるとそんなことをしても失敗するようにしかみえないのですが）考えるのです。そして彼らは、人間に確実な勝利を保証するような神が存在するなどという幻想を何らもたない時にこそ、人は大義に自らを捧げることができるのであり、自由な人間が行う礼拝というものがあるとすればそれ以外にはないのだと論じたてるのです。

純粋な自然法則からみれば、素晴らしい奇跡と言う以外にないような人間の精神が存在すること、またトラシュマコスやホッブズが説く自然人[7]や一九世紀の経済人にとっては愚かにみえるような世界こそ実は価値ある世界なのだということを、私たちが今日記念している高潔な献身と自己否定の行為が証明したことは確かなことなのです。私たちは神を否定するかもしれません。しかし、人間の内なる神の霊を否定するという最も深い罪の前では躊躇するでしょう。もし人が今見ている兄弟を信じないならば、どうしてまだ見ていない神を信じることができるでしょうか？　こういうわけで、少なくとも私たちの戦争記念碑はチャペルの中に建てられることとなったのです。それは、すべての宗教的信仰の真の基礎を説得力をもって擁護した記念碑なのです。

しかし英雄的人間が神を信じるというのは、激しい戦いの渦中で現実に対して故意に目を閉ざすために、幻想にしがみついたにすぎないのだという人たちもいます。彼らは敬虔な人が抱く確信の本質についてまったく理解していないのです。地に落ちる雀について語られたことは、シンプルな事実に裏付けられた確信を言い表わしたものなのです。なぜならばこの言葉は、霊的な世界にずっと生きてきた人物の口から出ているからです。霊的な世界の存在については、あらゆる英雄的精神が何らかの形で明らかにしています。その人物は、自然的で因果的な法則や証拠に対すると同様、霊の法則や証拠に対しても、いわば千里眼を持っているのです。神の聖徒たちが、霊的なものに敵対的で無関心な世界に背を向けたくなるのももっともなことです。しかしその世界が神や霊的なものに対して抱く敵対心や無関心は、宇宙における不変な要素というのではなく、悪霊の魔力に屈した結果であることが次第に知られるようになってきました。聖徒たちにとっては、荒野と孤独の場所が喜ばしいものとなるでしょう。しかしそうなるのはただ、彼らが同時に別の世界、つまり共に交わり、重荷を負いあう同胞たちの世界の市民でもあるからに他なりません。そしてそのような特権的な立場を生かしつつ、彼らは雀が落ちるこの世界についてヨブが示したような独特の、より深い理解に達するのです。すなわち、荒野と孤独の場所が彼らにとって喜ばしいところとなるのです。彼らがあの霊的な価値の世界に住み、その法則に従い、その規律を学べば学ぶほど、彼らは自分たちを支える力が自分たちのものではないこと、彼らと神の国に属する彼らの同胞は、雲のような多くの《証人》であることに一層気付くようになるのです。殉教者と英雄の高貴な精神と献身的行為は、この世界から隔絶した見知らぬ世界における奇跡的で孤立した現象ではありません。それは私たち皆が生きているところの、まさにこの世界の中から生みだされる成果なのです。しかもそうした成果が生み出されるのは、この世界が誰の記憶にも残っていない数知れない親切と愛の行為によって豊かにされるときなのです。また、そうした行為は、ごく普通の男女が幾世代にもわたって残したところの敬虔ではあるが世に知られていない生き様に他ならないのですが、彼らは日常生活の中で神の力によって支えられ鼓舞されていることを実感していたのです。こうした確信は知性によって得られるものでは決してありません。その確信の正しさを証明することは、外側からはできませんが、内側からなら十分可能です。現代文学において、この世の悪と苦悩を誰よりも容赦なく見据えて叙述したのがドストエフスキーの『カラマーゾフの兄弟』におけるイワンの長い演説(8)ですが、その後のくだりをみても、なぜそのような悪と苦悩が存在するのかという問いに対する直接的な答えも、その演説に対する直接的な反論も出されていません。しかし、次の巻において、老修道士は自らの回心について語っています。彼は、自分と仲間とがどういう関係にあるかを突然理解したことから、つまり彼の言葉でいえば各人が各人に対して責任があることを理解するようになってから、如何にして自分が回心するに至ったかを語っているのです。私たちがここで記念しているのは、たんに人間の冒険的勇気や士気の高揚ではなく、献身と自己忘却なのです。そして、それらは人間同士の交わりの産物であり、また神と人との交わりを通じて神に対してもつ確信と希望の産物なのです。

キリストに信頼する人々は、真理を発見するでしょう。そして愛において忠実な人々はキリストに留まるでしょう。

三　莫大な財産を持っていた青年

「イエスが道に出て行かれると、ひとりの人が走り寄って、御前にひざまずいて、尋ねた。『尊い先生。永遠のいのちを自分のものとして受けるためには、私は何をしたらよいでしょうか』。イエスは彼に言われた。『なぜ、わたしを尊いと言うのですか。尊い方は、神おひとりのほかには、だれもありません。戒めはあなたもよく知っているはずです。『殺してはならない。姦淫してはならない。偽証を立ててはならない。欺き取ってはならない。父と母を敬え』。するとその人はイエスに言った。『先生。私はそのようなことをみな、小さい時から守っております』。イエスは彼を見つめ、その人をいつくしんで言われた。『あなたには、欠けたことが一つあります。帰って、あなたの持ち物をみな売り払い、貧しい人たちに与えなさい。そうすれば、あなたは天に宝を積むことになります。そのうえで、わたしについて来なさい』。すると、彼は、このことばに顔を曇らせ、悲しみながら立ち去った。なぜなら、この人は多くの財産を持っていたからである」（マルコの福音書一〇章一七―二二節）。

「また、たとい私が持っている物の全部を貧しい人たちに分け与え、また私のからだを焼かれるために渡しても、愛がなければ、何の役にもたちません」（コリント人への第一の手紙一三章三節）。

思うに、私たちはこの莫大な財産を持っている人間を当然のように見下しています。この物語の結論として私たちの記憶に焼きついているのは、彼がキリストによって試され、それに合格できなかったということです。私たちは一九世紀のキリスト教の歴史に照らして福音書を読む習慣が浸透しています。したがって、もし私たちがこの青年であったならば、何の疑いやためらいも抱くことなく、この身元不明の放浪中の教師がなした驚くべき要求を、神の真実な声として理解すべきであったと考えるのです。そのような訳ですから私たちは、ただ一つだけ欠けたことがあるとイエスに教えられながら、教えられた通りに行わなかった青年のことを考えるのです。そしてそのような思いを抱いて私たちは彼を見下します。おそらくそうすることにもいわれがなくはないでしょう。というのも、あの戦争が示したように、男性ならば、とりわけ青年ならば確実にそのほとんどが、すべてを放棄してかの単純で確かな義務の要求に従ったであろうからです。

しかし、この青年についてそのように考えることは、彼をまったく誤って判断することになります。彼の失敗は最終的なものではなかったかもしれません。私たちは、彼が帰ってこなかったと断言することはできないのです。私たちは、この裕福で良き教育を受けた青年が突然イエスのところに来ようと心を動かされたこと（彼は走りながら来て、彼にひざまずいた。彼がイエスを熱狂的に崇拝していたことは明らかである）を知っています。彼は、「永遠の命を自分のものとして受けるためには何をなすべきか」という驚くべき質問をしました。イエスは、この青年が言うことを聞かれたとき、「彼をみつめ、いつくしまれ」、あらゆる要求のうち最高のレベルのものをあえて彼に与えるのがふさわしいと考えられました。この青年は、イエスの言葉と行為の美しさや尊厳に深い感銘を受けていたにもかかわらず、まったく予期しないイエスの要求に応じることができなかったので、悲しみに満たされました。そしてイエスは、この青年が即座に自分の招きに応じなかったことを、富が人を欺くことの顕著な例と考えました。

なぜこの青年はイエスのところに来たのでしょうか？　彼は裕福で良き教育を受けた人でした。彼の家では、財産があるからといって義務意識が曇らされることはありませんでした。しばしば莫大な富の所有に伴いがちな利己主義ないし傲慢といったことは一言も示唆されていません。彼の両親は信心深いユダヤ人で、彼を律法の通りに教育していました。彼は勤勉かつ良心的に自分に課せられた諸々の義務を守ることに専念していたのです。彼は「私は同国人以上にユダヤ教から利益を受け、父祖の伝統については彼らよりも熱心であり」、「律法の義については非難されるところはない」（ピリピ人への手紙三章六節）と語った使徒パウロのような人物であったに違いありません。しかし、どういうわけか奇妙なことに、彼はこの良心的で多忙な生活に不満を感じるに至りました。そして彼がイエスについて何かを知るためにきたとき、彼は自分がまったく理解できないことをイエスが理解する秘訣をもっておられ、イエスの生活が自分のそれよりはるかに深い何かに支えられていることを感じるに至りました。《彼の》生活は、こせこせした義務の繰り返しに費やされていました。それらの義務をすべて行ったとき、彼にはそれらが取るに足らないように思えたのです。イエスは永遠なものに関係した何かを持っておられました。そしてこれこそ彼を満足させることのできた唯一のものでした。

キリストが「人にはそれぞれの立場にふさわしい義務がある」という教訓を軽視されていなかったことに注目しましょう。この青年の問いに対してイエスは即答され、「戒めはあなたもよく知っているはずです」と言ったのです。

イエスは、彼の時代と社会において評判の悪かった取税人や罪人の友として知られていました。彼はまた、当時において立派であるとみなされていたパリサイ人やサドカイ人らに終始敵対していたことで知られていました。彼は、自己満足や狭量なメンツという罪が、放縦や弱さという罪よりも、人間精神にとってははるかに致命的だと考えました。自由かつ創造的に振る舞うためにはかえって、従順と自己否定が必要であることをイエス以上に理解していた人は誰もいなかったのです。イエスが独創的で自由な生活を送られたからといって、彼が道徳的もしくは政治的な義務を軽視したわけではありませんでした。彼は律法を廃棄するためではなく、成就するためにきたと言いました。彼が引き起こした革命は、彼がその時代の律法の教師たちより、律法や戒めを軽視したという点にあったのではありません。そうではなく、彼らが見ようとしていたものよりはるかに素晴らしいものをイエスが見られたという点にあるのです。彼の深遠にして熱情的な信仰がそれを可能にしました。その信仰とは、ユダヤの民の律法や規則を通して、「今日や昨日生まれたものではなく、死に絶えることもなく、どこから来るかもしれない」神の真実な律法を見ることができるというものなのです。そして律法をみるというのは、律法《そのもの》をみるのではなく、律法《を通して》何かをみるということです。つまり、固定的な形式としての律法をみるのではなく、形式に生命を与えた精神の生きた具体化としての律法をみるのです。ですから、律法は何か外面的にはさほど厳格なものではなく、むしろ内面的に人の心を動かすものとなりました。律法は細かいことを忠実に守ることによってではなく、ただそれについての理解と解釈を日々新たにすることによってのみ成就されるものなのです。そのようにしてこそ、人間の律法はイエスが示された豊かないのちを可能にしたのです。イエスは、型にはまった生活様式や規則と責任の体系に自己満足してしまって、それらを考えもしないで受け入れてしまうという危険性に対して絶えず目覚めておられました。それは、彼の中に創造的精神があったからです。彼はいつも彼の教えを聞きにきた人々に「この世の心配や富のまどわし」に対して警告を発しておられました。高い地位にしばしば伴う尊大さほど、彼の精神からかけ離れたものはありません。イエスは、生活が手のこんだ複雑なものとなるときに、人間が自己を偽り、たやすく機械的な生活を重視することを見抜いておられました。また彼は、人間が儀式や外見や多忙だという感情を楽しむあまり、ついには、すべての組織された生活の営みがそのためにのみ存在している単純な人間の目的を忘却してしまう危険性を知っておられました。また彼は、人間を結び付けることを意図した組織がしばしば人間を分裂させること、また人間は一人の父なる神の兄弟であるという真理の方が、彼らが社会の組織において演じている役割の相違よりも重要であることがしばしば看過されることを知っておられました。イエスは青年を愛されました。というのもイエスは、莫大な財産や社会的地位を持っている人が陥りがちなあの自己満足を彼がまったく持っていないということを見抜いておられたからです。イエスはこの青年が、人間の生活は持ち物の豊かさや、なすべき義務の多さにあるのではないことを感じ始めていることを知っておられました。しかしまだ青年には学ばなければならないことがあったのです。それは、永遠のいのちを受け継ぐにはどうしたらよいかということでした。

イエスは青年に、彼が慣れ親しんだ生活を放棄して、持っているものを売り、貧しい人に与え、自分に従うように語られました。また彼は青年に、毎日どこに泊まるかも定かではない自分と生活を共にするよう、仕事を放棄して自分と放浪生活を共にする人々の小さな集まり――彼らのほとんどは貧しい出身の人々でした――を形成するように言われました。

もちろんこのイエスの言葉の意味は、この青年が即座に自分の生活や仕事を犠牲にし、放棄するということです。イエスもそのことを知っておられました。十字架をとり、私に従ってきなさいということが、イエスのメッセージの不可欠な一部でした。しかし、イエスが自己の生活を放棄することを自己目的として語られたことは、断じてありませんでした。この青年は何かを必要としてイエスのところに来ましたが、イエスは彼が必要としていることを知っておられ、どのようにすればそれを得られるかを彼に教えられたのです。彼は天に宝を積むべきでした。彼は、自分の今までの生活に満足していなかったのです。そしてイエスは、彼が自分の生活に満足することはこれからもないことを知っておられました。彼が「永遠のいのちを受けるためには何をしたらいいですか」という問いを抱いてイエスのところに来たという事実は、そのことを示していました。彼にとっての唯一の希望は、その導きに従い続けるように彼をつき動かした聖霊の存在を信じることであり、『天路歴程』に登場する人のように「耳に指をおいて、走りながら命、命、永遠の命と叫ぶことでした[9]」。

私たちは、この青年と同じ問いをもつようになるとしても、キリストの勧めを文字通り誰もがなすべきことと考えるような誤りに陥ることはなさそうです。この世の思い煩いが重くのしかかっている悩める人々は、この世の諸々の責任を放棄することを決断せよという教えにある種の魅力を感じるでしょう。この青年と同様に私たちが同じことをせよと今後要求されるかどうか、あるいはそういうことはありそうにないかどうかを私たちが決めてかかることはできないのです。私たちがなしうること、そして知り得ることは、私たちが享楽や心配事や仕事といった小さな世界に囚われないこと、そして神が召されるときには、それがどのような召しであれ、より豊かないのちへの召しとして、それに従うことなのです。パウロは、この青年と同じような教育を受けた後、キリストの召しに従ってすべてのことを放棄しました。しかし、彼はイエスの弟子たる条件として、その意味での放棄が何よりも重要であると考えたわけでは決してありませんでした。「たとえ私が持っている物の全部を貧しい人たちに分け与え、また私の体が焼かれるために渡しても、愛がなければ何の役にも立ちません」（コリント人への第一の手紙一三章三節）。パウロはコリント人への第一の手紙一三章における愛の素晴らしい讃歌において、キリストのところに来る人々に対してキリストがなされたことの背後にある愛の原理を説明しています。というのも私たちは、イエスが出会われた富める青年、ニコデモ、サマリヤの女、そして他の多くの人々に感動を与えた生の不思議さについて考えるならば、その不思議さの秘訣は、人種や教育や地位の制限を越えた洞察力や共感をイエスが持っておられたことにあると気付くのです。イエスは、人間が多様で不平等な存在であるにもかかわらず、真の人間性（true humanity）があらゆる人々の中にあることを明らかにされました。キリストの力は、外面的で一時的なものに関わりなく、彼らの誰もが神の国を受け継ぐ者であることをはっきりと自覚させたのです。パウロは、キリストが見たように人々を見ました。割礼を受けるか受けないか、自由人であるか奴隷であるか、天使の言葉を話すかそれとも人間の言葉を話すかといったことは、もしも人々が神とその隣人を愛さないのであれば、どうでもよいことだとパウロは考えたのです。彼らは、新しく造られた者となり、自分が共通の子たる身分を持っていることを悟りました。子たる身分が《なければ》すべては無意味なのです。また、子たる身分が《ある》ならば、彼らは外面的には何の財産を持たなくても、内面的には、すべてのものを所有していると思えるほど豊かなのです。

私たちが生きている社会はとりわけ物質的富を驚くほどに支配している点において福音書が記述している社会とは異なっています。しかし私たちは皆、全世界に及ぶ広範な経済的組織に属していますし、また属さざるをえません。あらかじめ規定された責任と義務を持った既存の組織を利用することなくしては、生活上何事もできないのです。キリストの時代に、少数の人々が富を持っていることによってある程度まで経験したことを、今日では、豊かな人も貧しい人も皆経験しています。しかし私たちはお互いをたえず利用するだけで、真の人間関係に入ろうとはしないのです。私たちの慈善行為さえもが組織化され非人間的なものになりうるのです。組織された生活の営みがいのちを支配しています。私たちはずっと以前からその組織に仕えるよう強いられています。このことによってもたらされる帰結は、富の惑わしについてのキリストの警告や、「金持ちが神の国に入るのは何と難しいことでしょう」という彼の言葉が、普通の人より豊かであるか貧しいかに関わりなく、私たち皆にあてはまるということなのです。富める青年は財産を持っていたので、イエスから離れざるをえませんでした。というのも富は、私たちが共に兄弟であり神の子であるという真の意識から、また彼がイエスのうちにみた麗しさから、なかんずくキリストの生と死という私たち誰もが受け継いだ偉大で尊厳なものから、彼を切り離したからです。キリストの生と死の真理を前にしては、世俗的生活のほとんどのものが些末で非現実に見えるほどです。今日私たちは、周囲の人間とほとんど関わる必要を持たないまま、他人の労働の多くの成果に頼って生活しています。そして現実の人間関係に関する限り、私たちはしばしば最も狭い範囲の中でしか生活しようとしません。だからこそ私たちは、イエスの生涯に今一度目を留めるべきでしょう。そして、国家と国家の間に、階級と階級の間に誤解や苦悩が満ち満ちている私たちの文明にあって、永遠のいのちを受け継ぐために何か欠けたものがないかどうかを自らに問うてみるべきでしょう。

おそらく福音書に登場した富める青年は、ある日彼の富を捨てて、イエスの弟子に加わったでしょう。しかしたとえそうでなかったとしても、この青年と似た境遇をもつ多くの男女がいたにちがいありません。彼らはこの青年が経験したことで、神に感謝するだけの十分な理由があるのです。つまりこの青年は、イエスのところに来て、戒めを守るより以上のことを自分が必要としていることを知りました。また彼は、偉大なイエスの人格と比べて、自分がいかに不完全であるかを知り悲しみを感じたのです。

もし私たちが想像力や共感を用いて、私たちの隣人への理解を深めようと心から願うならば、私たちが人生の様々な道を歩むときに、たとえ私たちの世代が諸々の問題を解決する道や諸々の不和を和解する道をはっきりと示すことができないとしても、私たちはより真実でより満足すべき生活に向かって確かな一歩を踏み出していると感じることができます。というのも私たちは、イエスのところへ来た人々が経験したあの愛と憐れみの力を得ることができるからです。イエスは愛と憐れみの故に、彼らのすべての苦しみを苦しまれたのです。

四　力の約束

「まことに、あなたがたにもう一度、告げます。もし、あなたがたのうちふたりが、どんな事でも、地上で心を一つにして祈るなら、天におられるわたしの父は、それをかなえてくださいます。ふたりでも三人でも、私の名において集まる所には、わたしもその中にいるからです」（マタイの福音書一八章一九節、二〇節）。

このくだりは、福音書の中で最も知られている箇所です。そこで述べられている約束は、初代教会以来キリスト教社会において大切なものとされてきました。キリスト者たちは、自分たちに敵対的な世界に直面して、自分たちを弱く、取るに足らない群れであると感じれば感じるほど、主の名において共に集まるときに、主の臨在と力が自分たちと共にあることを経験してきました。彼らは、キリストの名において共に集まり共に祈り願うところに、神の臨在と力があることを確信すべきであると教えました。私たちは、このくだりをもとに翻案されたクリュソストモスの祈りの一節を夕拝時に繰り返し祈ります。「全能の神よ、あなたはこの時、心を一つにして共に願うという恵みを私たちに与えて下さいました。そしてあなたは、二人、三人、あなたの名によりて共に集まるとき、その願いを聞いて下さることを約束しておられます[10]」。

しかし、この約束とその説明は、一般に慣れ親しまれた事柄、とりわけ宗教の慣れ親しまれた事柄が決まって経験してきたのと同じ運命をこれまでたどってきました。つまりその約束は、当然のものとみなされてきたのです。この箇所はあまりにもしばしば引用されたので、それが何を意味するのかが見逃され、忘れられてしまったのです。それは繰り返され、そして信じられなくなったのです。それらはその真の意味を失ってしまいました。というのも、人々は宗教にいつもつきものの危険に屈し、主の約束を魔術へと変えてしまったからです。私たちはこの聖句を、イエスの名を口に唱えて共に集まるだけで、特別で神秘的な力が働くと解釈したり、あるいは私たちが求めることはそのままかなえられるという約束が与えられていると考えたりします。そのように私たちは、この聖句を魔術に変えることによって、以前にもましてその真の意味を忘れてしまうことになったのです。というのも魔法は、行われるけれども信じられることのない死んだ魔法になってしまいましたが、それは魔法がいつもたどる定めなのです。

クリュソストモスの美しい祈りにおいてさえ、主の約束がすでに微妙な変化を被っていることに注意しましょう。福音書が描きだしているイエスは、弟子たちに「もしあなたがたのうち二人が、どんなことでも、地上で心を一つにして祈るなら、天におられる私の父は、それをかなえて下さいます」と語られました。そして彼は、その説明や保証として、そしてまたあの驚くべき約束の条件として、「二人でも三人でも私の名において集まる所には、私もその中にいるからです」と付け加えられました。私たちは今、「全能の神よ……二人でも三人でもあなたの名において集まるとき、あなたは彼らの願いを聞かれます」と言います。ここで、全能の神の名において共に集まることと、ナザレのイエスの名において共に集まることが同じかどうか自らに問うてみましょう。私たちは力を強調するあまり、何によってその力がもたらされるかを忘れてしまい、私たちが力の名において共に集まるならば、神の力を経験するであろうと理解するまでに至ったのです。これこそ、私が言うところの魔術を信じる信仰なのです。すなわち、私たちがイエスを信じる信仰にふさわしくなくとも、またその信仰を特に求めようとせずとも、安易な決まり文句や儀式や言葉によって、自分が欲するものは与えられるというのです。このように私たちは、自分自身の条件を付け加えるのですが、それはキリストの約束とまったく結びついていない条件であり、「私たちにとって最も好都合な」条件なのです。

もしあなたが、そのようにして空想的な事柄をもてあそぶならば、あなたは必ずその報いを受けるでしょう。もしあなたが宗教とは空想的な奇跡が当然起こるはずの領域であると考えるならば、遅かれ早かれ、そのようなことは何も起こらないということを経験的に知ることになるでしょう。私たちの宗教にあまりにも多くの空想的なことがまとわりついているのは、そうした態度の当然の報いなのです。もし私たちが宗教から、私たちに与えることができないもの、あるいは与えてはならないものを期待して求めるならば、宗教が私たちに与えることのできる素晴らしく奇跡的な事柄まで取り逃がしてしまうことになります。そして私たちの教会は、サミュエル・バトラーがエレフォンの音楽銀行について説明した風刺にふさわしいものになってしまうのです[11]。

したがって私たちは、この聖句に含まれている約束が実際には何を意味しているのか、そして私たちはその約束をただうまく利用しようとしているだけなのか、それとも私たちはその約束が実現することを本当に信じているのか、あるいは信じるに足る根拠を持っているのかと、自らに問うてみましょう。

この聖句の最良の解釈は、マルコの福音書一〇章でのべられているゼベタイの息子たちの話のうちにあります。ゼベタイの息子たちはイエスのもとにやってきて、「自分たちの望むことは何でも」してもらいたいと願いました。

あたかも、彼らがここで問題となっている聖句について聞き、それについて考え、そして今その約束が実現されるかどうかを試すためにやってきたかのように、この箇所は読めます。二人の人がいて、彼らの願いは一致していました。イエスが彼らに何をしてほしいかと尋ねられると、彼らは、「あなたの栄光の座で、一人は先生の右に、一人は先生の左にすわらせて下さい」と答えました。イエスは、彼らに「あなたがたは、私の飲もうとする杯を飲み、私の受けようとするバプテスマを受けようとする」覚悟があるかと尋ねられました。それはあたかも、彼らが要求している栄光や報酬の条件ないし代価であるかのようでした。彼らが覚悟はできていると言うと、イエスは彼らに自分の杯とバプテスマを受けることはできるが、彼らが栄光を受けるという保証を与えることは自分のすることではないと言われました。

あたかも、主の約束が実現されるかどうか試されたけれども、結局実現しなかったかのようです。他の弟子たちはヤコブやヨハネと同じような思いを抱いていたので、二人の願いが聞きとげられなかったにもかかわらず、彼らが自分たちを出し抜こうとしたことで、二人に憤りを覚えました。しかしイエスは、彼らが自分の真意や、「私の名において」集まることの意味を、完全に誤解していると説明されました。もし彼らが真にイエスの名において集まっていたならば、彼らは「あなたがたの間で人の先に立ちたい者は皆の僕になりなさい。人の子がきたのも、仕えられるためではなく仕えるためであり、また多くの人たちの贖いの代価として、自分の命を与えられるためです」（マルコの福音書一〇章四五節）というイエスの言葉を理解できたでしょうし、あのような的外れの願いをすることは決して考えなかったでしょう。

したがって、「二人でも三人でも私の名において集まる所には、私もその中にいるからです」という聖句は、祈りが聞かれるためのたんなる保証ではなく、条件なのです。あるいはむしろおそらくこの聖句は、私たちがキリストの弟子であることに同意するのならば、真心を尽くして何を願わなければばならないのかを述べたものでしょう。というのも、真に彼の弟子であるならば、私たちの間に彼が臨在されることを願い求めなければならないからです。キリストは、もし私たちが欲するならば私たちの間に臨在され、力――それはイエスの力と同じ性質を持つもの――を与えることを約束されました。またイエスは、二人、三人がイエスの名において共に集まり、願うときに、この力が私たちに与えられることを約束されたのです。

この約束には、魔法が入りこむ余地はありません。ここでいわれているのは次のような約束なのです。すなわち、もし私たちの願いがイエスが私たちの間に臨在されることであるならば、それは真実で十分賞賛に値するものであるということです。ただし、そのイエスは地上を歩まれた時に持っておられたのと同じ力を今も持っておられ、その時持っておられなかったような力は今も持っておられないのです。イエスは、私たちが御霊の思いから離れるか、御霊の導きを無視して欲するものを与えられるような、力の持ち主ではありません。もし私たちが、キリストの名において願ったにもかかわらず、かなえられなかったことを何度も何度も失望しながら思い起こすとするならば、イエスが私たちの間に臨在されることを願うことと、私たちの諸々の願いが矛盾していないかどうかを自分自身に問うべきでしょう。実際、主の臨在こそが私たちの祈りに対する答えであったということに対して、私たちは何と頻繁に失望し怒ったことでしょうか？　私たちがイエスの名においてなし、求めるにもかかわらず、イエスご自身がその願いが実現することを妨げておられることが多くあります。ここでの聖句の約束は、何ものにもまして、自分たちの主人の臨在を願う弟子に対するものです。私たちは皆、臆病な弟子以上の者ではありません。私たちのほとんどは生まれながらに力を求めています。しかし私たちは、イエスが持っておられるような力を本当に欲しているでしょうか？　というのも、イエスほど富や権力といったこの世的な力を行使することを心の底から拒まれた者はいなかったからです。イエスは、富や権威といった手段や、私たちが隣人たちを支配するために用いるどんな手段も用いられませんでした。「あなたがたの間で偉くなりたいと思う者は、皆に仕える者になりなさい」というイエスの言葉は、学ぶことが難しいレッスンです。しかし、私たちがキリストに従う者となるためにどのような努力も惜しまないというならば、このレッスンを学ばなければなりません。私たちはイエスの力を、彼が示された条件や前提においてのみ得ることができます。私たちは、人生における様々な事柄に対して、イエスが評価されるのと同じ評価を下そうと進んでしなければなりません。私たちは、イエスがされたように、この世の単なる外面的な偉大さや尊大さをとるにたりないものとみなすことを学ばなければなりません。今日それらを好む傾向は、以前よりも顕著であり、人間の心を奪っているのです。この世的な価値観からみた場合には、キリストご自身がそうであられたように、私たちは失敗者になることを覚悟しておかなければならないのです。

私たちはイエスの名において集わなければなりません。最後の三つの言葉（in his name）が魔術の呪文を意味するものでないとすれば、それは何を意味するのでしょうか？　イエスは、たとえの中での問題について次のように考えられました。「するとその正しい人は答えていいます。『主よいつ私たちは、あなたが空腹なのを見て、食べる物を差し上げ、渇いておられるのを見て、飲ませてあげましたか。いつ、あなたが旅をしておられるときに泊まらしてあげ、裸なのを見て、着る物を差し上げましたか。また私たちは、あなたのご病気やあなたが牢におられるのを見て、お訪ねしましたか』。すると王は彼らに言います。『まことにあなたに告げます。あなたがたが、これらの私の兄弟たちの一人にしたのは、私にしたのです』」（マタイの福音書二五章三七―四〇節）。私たちが単純に、そして心から他人に仕えようとするときはいつでも、また私たちが「これらの私の兄弟たちの一人にしたのは私にしたのです」や「あなたがたの間で人の先に立ちたい者は皆の僕となりなさい」というイエスの言葉に心を動かされるときはいつでも、私たちはキリストの名によって事を行っているのです。

最後に、今日取り上げた聖句におけるイエスの約束に関して、最も注目に値すべきことに触れておきたいと思います。すなわち、その約束は、孤立した個人に対する約束ではなく、あるグループ、つまり一緒に集まり、心を一つにしてキリストが示された道に従い、仲間や同胞としてお互いに仕え合う人々に対する約束だということです。

私たちは、このことを念頭において、時折「二人ないし三人」という言葉を「二人ないし三人でさえも」と読み替え、最も小さな集団においてさえもキリストの臨在があると解釈します。たしかにキリストは、非常に多くの人々が礼拝に集まってくるときに、大いなる力を持って臨在されるでしょう。

たくさんの人々が礼拝という共通の目的に心を注ぐ瞬間がありますが、それはそれで感動的で力強い経験でしょう。私たちの多くは、真に神に仕えている多くの男女と共に大きな礼拝や集会に出席し、不思議なほど感銘を受け、心の高揚を経験したことがあるでしょう。しかし、そのような経験がいくら印象的で刺激的であるとしても、それはキリストが考えておられた経験ではありません。彼は彼自身の小さな群れのことを考えていました。彼にとって、自らのわざを行うための時間は絶望的なほど短いものでした。しかし彼は、その短い時間のほとんどを、大衆の心を揺り動かし、鼓舞することに費やされたのではなく、自らが選んだ数人の弟子たちの訓練のために費やされたのです。というのも、キリストの名において共に集められることは、ただ単に共に集まることを意味しているわけでも、集団的感情によって鼓舞されることを意味しているわけでもないからです。それは、集う人々が心と霊と目的において一致することを意味しており、そのような一致はただ小さな集団における親密さや共通の経験によってしか生み出されえないものなのです。キリストが言われるには、そのような集団がなしえないことは何もないのです。彼らは自らの背後に、他のいかなる組織も持つことができない神の力を持っているのです。それが真実であることは歴史によって豊かに証明されています。キリストの教会を作り上げたのは、キリストの教えを聞いたおびただしい群衆ではなく、たった十二人の使徒たちでした。また、フランシスコ会の修道院運動を作り出したのは、フランシスコとその仲間たちでした。歴史上、甚大な影響を及ぼした偉大な運動の背後には、必ず心と思いを一つにして共に礼拝する小さな群れが見いだされることでしょう。そしてこのような運動が生き生きとして、実り豊かであるときに、それはさらにおびただしい小さな集団を生み出し、それらの働きを鼓舞するのです。

今日私たちは、世界的ないし国民的規模の問題に直面しており、必然的に諸々の世界的な組織や国民的な組織を持たざるをえません。このような趨勢から私たちは、自分たちが事を大規模に行うのは必然的であり、もしそのようにしなければ何もしていないと感じるようになってしまっています。こうして私たちは、今の世代のうちに世界を福音化しようとして、あるいはこの時代において社会主義を樹立しようとして、更には世界をそれから救おうとして、はたまた民主主義が脅威を受けないような世界を作り出そうとして、大規模な運動に加わるのです。確かに、そのような組織された大規模な運動は必要であり、それに献身することは尊敬に値する奉仕でしょう。しかし、もし私たちがそのことを自己目的とみなすとすれば、またこのような運動や組織にとらわれるあまり私たちが、自分自身の個人的な生活を軽視したり、そうした組織に命を与えるのは私たちのごく普通の生活であり、この普通の生活のためにこそそうした組織が存在するということを忘れてしまうならば、私たちは早晩、生き生きとした生命力、自由そして創造性を失うことになるでしょう。主の霊のあるところに自由がありますす。そして主の霊はただ、個々の男女や、彼らの共同生活のうちにのみ存在することができるのです。

ベィリオル・カレッジは、この聖句のメッセージが真実であることを証しすることができます。また私たちは、それをいつも思い起す必要があります。私たちは、ベィリオル・カレッジで過ごす期間、他では決して経験できないような親密な交わりの機会をもつでしょう。私たち英国人は、集団的な生活や愛国心の強い伝統をもつ社会の成員です。しかし、そうした集団生活を際立って特徴づけているのは、いつも個人の能力や才能が自由に発揮され、意見が自由に表明されることでありました。そして、次のような信念がベィリオル・カレッジの隅々にまで最高度に漲っていたのです。すなわち、このカレッジは他の人々に仕えるために存在し、私たちのすべての兄弟たちの主張や必要を理解して、それらに機敏に応えることに熱心であるべきだという信念です。パウロは、様々な賜物が存在するが聖霊は一つだと、様々な奉仕が存在するが主は一つだと主張しました。私たちは、彼が何を言おうとしていたかを知っています。ベィリオル・カレッジ出身の人々は、時代や世代を彼らと共にする人々に対して、注目に値する奉仕を行ってきました。それは彼らが、奉仕という共通の目標によって心を動かされて親密な交わりをこのカレッジにおいて形成し、この聖句が約束するキリストの力の必要性をはっきりと認識していたからなのです。

これはベィリオル・カレッジの偉大な伝統です。しかしその伝統は、私たちが何もせずにいたのでは継承できるどころか容易に失ってしまいます。私たちはいつの場合もその伝統に忠実であったとあえて主張するには及びません。時にはベィリオル・カレッジが自分たちの個人的な野心や集団的自尊心を満足させるために存在していると考えたこともあるかもしれません。また、誤った種類の力に飛び付いたり、キリストの霊が充満する社会を形づくりたいと心から願わなかったこともあるでしょう。
大事なことは、キリストの霊によって動かされる小さな群れのうちには奇跡を生み出す力があるのですが、小さな群れそれ自体にはそのような力はどこにもないということです。友となることと、徒党を組むこととは別のことです。小さな群れの成員が個人的目的だけを追求し、個人的ないし集団的自尊心によって主につき動かされているとするならば、これほど狭量で排他的な社会はありません。もしベィリオル・カレッジが私たちの生活や世界に対して影響力をもつべきだとすると、私たちはそれぞれの思いを福音の精神に従わせ続けなければなりません。つまり私たちは、イエスと同じ思いを抱いて自分の生活を送る必要があります。私たちの間にイエスが臨在されることを願いつつ、考え、行動すべきなのです。もし私たちがそのようにし、福音の精神に生きるならば、不可能なものは何もないということがわかります。そして、このチャペルであろうと他の場所であろうと、キリストの名において礼拝しつつ、私たちの日毎のつとめのために創造的な刺激がいつも新たに与えられることを求めて神を待ち望む時にはいつでも、キリストが私たちのただ中にいることを感じるでしょう。

この聖句やその約束が、今日の世界が抱えている困難な問題に対して、どのような意味を持っているかを考えてみましょう。第一次世界大戦は、私たちの政治や外交の破綻を白日の下に晒しました。多くの祈りが捧げられましたが、私たちはその破綻から救いだされませんでした。

騒然とした産業不安は、私たちの産業文明の崩壊を明らかにし、また道徳的・情緒的不安は、私たちの宗教教育や教会制度の破綻を物語っています。破綻はすでに起きましたが、それが克服されつつあることは疑いのない事実です。しかし高度に複雑な組織や機構を私たちが作りあげたことは、かつての失敗に恐るべきものをつけ加えているのです。あちらこちらにみられるこうした近代的で豪華な宮殿は、やがて崩壊する運命にあります。これほど多くのことを達成したにもかかわらず、悲劇的と思われるほど失敗したように思えるのはなぜでしょうか？　私たちの政治的、社会的そして道徳的破局の根底に潜む失敗にはある共通の原因が存在するのではないでしょうか？　私たちは諸々の組織や行為の堕落がどのような場合におきるのか、しっかり見据えていないのではないでしょうか？　そうした組織や行為の諸々の形式は、生活において御霊が力を表わすために、御霊によって創造されるというのが本来の姿です。ところが実際には、それらの形式に栄光に満ちた創造的な力を与えるはずの御霊の働きとはまったく関係なく、諸々の形式が人間の手によって刷新され、増殖され、精巧に仕上げられるのです。こういう場合に、今述べた堕落が生じるのです。霊が日々新たにされるということは、人間の手で早めたり、規格化したり、大量生産することのできないものなのです。

「人間を一緒くたにまとめあげ、レッテルを張り、たるに詰め込むことによって人間を救うようなてっとり早い方法は神には存在しない」

しかし、私たちにはともかくも「天国にうっかり入りこむ」よりもすぐれた希望が委ねられています。というのも、霊が新たにされることは、二人ないし三人がキリストの名において共に集うときにはいつでも、またどこでも生じるからです。そしてこの点にこそ私たちの特権や責任があるのです。

五　贖い

「シモン・ペテロが彼らに言った。『私は漁にいく』。彼らは言った。『私たちも一緒に行きましょう』」（ヨハネの福音書二一章三節）。

贖い（atonement）の教義がキリスト教の中心的教義であると考えられるようになってから、まだ一世代も経っていません。キリスト教こそ、救い（salvation）、救出（rescae）、脱出（escape）、買い戻し（redemption）、そしてとりわけ罪の赦し（forgiveneses）を実現するものに他ならないとこれまでしばしば説かれてきましたし、現在もそのように説かれています。説教者の義務の一つは、「贖いの計画」と呼ばれるものを宣べ伝えることであると考えられてきました。それは「一つの計画」、「一つの構想」として考えられ、語られました。それを人々の前で示すことは教会の義務でした。万人がなすべきことは、それを受け入れること、つまり明らかにされた計画に同意することでした。

この種のキリスト教は世界的に多大の成功をおさめました。それは他のいかなる宗教にまさって、人間性の深さを告知し、人間性の高みを示したのです。それ故に、このことに心を動かされた人々はいつも落ち着いて自信をもってかつ勇敢に、彼らの前にたちはだかるどのような困難をもうまくきり抜けてきました。というのも、福音すなわちキリストが勝利されたことの確信は、まさに人間がいかに貧しく弱い存在であるかということをすっかりそのまま認めることから生まれたものだったからです。

しかしながら、生身の人間が何を必要とし、何を経験したかということが忘れさられるならばどうでしょうか？　贖いの教義は物事の成り立ちに従えば当然のことであり、人々は知性によってこれを理解し受け入れるべし、と説明されるようになればどうでしょうか？　また、贖いの教義が人間の深い経験を言い表わそうとする試みとしてではなく、その深い経験に先立って認められるべき事実とみなされるようになればどうでしょうか？　実際、そうなったために、キリスト教は神と人間についての、嫌悪感をもよおすとしかいいようのないイメージを人々に与えるようになったのです。欠けたところ多く、弱さのうちにあるのが自分の現実だという生身の人間の自覚が、人間の本性はもともと悪であって、必然的に神の怒りのもとにあるという教条主義的な見解にとって代わられたのです。

信仰箇条には、「原罪は、すべての人間の本性が罪深く堕落しているということであり、それはアダムの子孫であることの当然の結果として生じる。人間の中には悪に向かう性質があるので、肉はいつも霊に反することを欲する。したがって、この世に生まれるすべての人は神の怒りと呪いを受けるのである」と記されてあります。

またウェストミンスターの『小教理問答書』は、恐れを引き起すような四つの解答において、アダムの最初の罪についての教義を取り扱っています。

「あの契約がアダムと結ばれたのは、彼自身のためだけではなく、子孫のためでもありました。それで、普通の生まれ方でアダムから出る全人類は、彼の最初の違反において、彼にあって罪を犯し、彼と共に堕落したのです。堕落は人類を、罪と悲惨の状態に落としました。人が堕落した状態の罪性は、次の点にあります。すなわち、アダムの最初の罪の罪責を負うていること、原義を失っていること、人の性質全体の腐敗つまりいわゆる原罪があること、そこからあらゆる現行の罪が生じていることとです。全人類は堕落によって神との交わりを失いました。今は神の怒りと呪いの下にあり、そのため、この世でのあらゆる悲惨と死そのものと永遠の地獄の刑罰との責めを負わされています[12]」。

原罪（original sin）の教義の本質に関わるこの最初の部分は、神の怒りがどんなに恐るべきものであるかを人間に対する憎しみをもってリアルに描写しています。そしてこの描写が原罪の教義全体を特徴づけるものになっているのです。というのも、この描写によれば、キリストの贖いの御業は、何よりも神の怒りがなだめられる必要があるということを想定しているように思えるからです。神は人間を彼らの罪に対する刑罰から放免されるためには、まず人間を赦そうという気になる必要があります。神は人間が犯した罪に対する裁きをどこまでも要求し続けられますが、キリストの犠牲において神はそれを受け入れるのです。

贖いがそのような形で説明される時（実際しばしばそれはそのような形で説明されてきたのですが）、人々はあたかもまるで、キリストの贖いの愛は人間を救うことができるが、神には人間を救うことはできないかのように、また、神は人間の罪の贖いなどという次元をこえたはるかに高い所におられる人格であって、贖いなどに関わるつもりがないかのように考えるのです。

人々があまねくこの教義に背を向け、それを非キリスト教的なもの、奇妙で非人間的な迷信として断罪したのは、何ら不思議なことではありません！

しかし、人々はこの教義を断罪したことによって、同時に彼らには赦しが必要でしかもそれは可能であるということを軽視し、信じなくなりました。人間である限りどうしても経験しなければならないことがあることをこの教義が言い表そうとしたのですが、そのことが彼らには見えなくなってしまったのです。したがって、彼らはキリストが驚くべき福音を人々にもたらされたことを理解できないのです。

私は今夜、皆さんにしばらくの間、聖書の中に記されている最初の偉大なクリスチャンたちが経験した赦しについて考えて頂きたいと思います。それはヨハネの福音書二一章に記されているシモン・ペテロの赦しの経験です。皆さんは、この福音書の二一章の後半部分におけるペテロの召命について聞かれたことがあるでしょう。ここで私は、皆さんに二一章の前半部分を読んでみたいと思います。もちろん皆さんは、このくだりも覚えておられるでしょう。

私たちはこの物語を、神学とは無関係に、素朴な人間の経験として考察してみましょう。弟子たちのうち少なくとも七人は、ガリラヤに戻ってきていました。そしてペテロは、「私は漁に行きます」と言い、他の弟子たちもそれに同意して、彼と一緒に漁に出かけました。ペテロは何を考えていたのでしょうか？　それを理解することはむずかしいことではありません。現代の聖書注解者は、主人が帰って来るまで冷静に自分の仕事を続けたことに対してペテロを称賛しています。しかし、これ以上の愚かな解釈はありません。漁はもはや彼の仕事ではありませんでした。彼は漁をやめるようにとの召命を受け、人間をとる漁師になったのです。ペテロは、イエスが捕らえられ、十字架につけられるのを目撃して、弟子の中で最初に逃げだし、三回イエスを知らないと否定しました。熱血漢で心暖かいペテロが、このような経験をした後に、あたかも何も起こらなかったかのように、冷静に元の仕事に戻ることが一体できたでしょうか？　彼はどのような事柄に対しても、冷静さを保つことはできなかったはずです。ペテロが「私は漁に行きます」といった言葉とその行動の背後にこめられている彼の真意はきっと、「そう、すべてが終わったのだ。私は偉大な仕事をするよう召され、大きなチャンスが与えられた。そして危機がやってきたときに、私は失敗した。私は自分の師から逃げ、師を裏切ってしまったのだ。私が師のためなら自分の命も捨てると約束したまさにその日に」というものだったに違いありません。

この福音書の順序に従えば、ペテロは十字架ですべてが終わったわけではなく、すでにイエスがよみがえられたことをおそらく知っていたと考えられます。しかし、たとえそうであったとしても、実際彼にとっては、十字架ですべては終わったのです。（ヨハネの福音書二〇章の終わりは、二一章が二〇章のたんなる継続ではなく、それに替わるものとして考えられていたかもしれないことを明らかにしています。）彼にとって、以前の職業に戻る以外の道がいったいありえたでしょうか？　ペテロは、イエスから召命を受け、多くの人々の中から選び出されました。彼はイエスが神の御子キリストであるという偉大な告白をし、イエスによって特に称賛を受けました。そしてその後、主から警告を受けていたにもかかわらず、ペテロは危機が生じたときに、完全に失敗してしまったのです。すべては誤りでした。イエスの召命を受ける前の自分の仕事に戻ろう。彼にとってふさわしい選択があるとすれば、それしかなかったのです。したがって、ペテロは、絶望的で、どこにも慰めのない真暗闇のうちに自分自身がいることについては一言も語らないで、「漁に行こう」と言ったのです。自分の失敗について弁解したり、悲しんで泣きだしても無駄だったのです。そして、彼と同じような思いを抱いていたに違いない他の弟子たちも、「私たちもあなたとともに行く」と言って、漁に出かけたのです。

ところで、私たちは大なり小なり、ペテロと同じ経験をしてきたのではないでしょうか？　今日私たちは「罪責感」や「罪の自覚」という言葉を用いないかもしれません。しかし私たちは、機会に恵まれていながら、その好機を逃したときのことを覚えています。また、決定的な瞬間に失敗したので、希望に満ちた構想がうまく行かなかったときのことを知っています。誤りや失敗をおかすと、そのおかげでうまくいくはずだった事業やすぐれた計画でさえもが挫折してしまい、もはやとり返しがつかないのだということを認めるしかない時が来るものです。私たちはだれしも、素晴らしいことが実現するという偉大なヴィジョンを頻繁に見ます。そしてその後でそれを実現するために出ていきますが、失敗するのです。したがって私たちは、ペテロが舟を沖に漕ぎだしたときに、彼の心の中にあったどうしようもない絶望感を、いくぶんなりとも知ることができるのです。

「その夜彼らは何もとれなかった」。ペテロは夜通し働きながら、ちょうど以前にその同じ場所で夜通し漁をしたが何もとれなかったときのことを、その間ずっと心の中で思い起していたに違いありません。それは最初に彼がイエスに出会ったときだったのです。しかし、今回はすっかり事情が異なっていました。彼は当時自分が抱いていた素晴らしい望みや、自分が見たり経験した素晴らしいこと、何よりも自分がイエスの弟子であったということのすべてを何度も何度も振り返っていたことでしょう。それらすべてのことは実際にはどういう目的をもっていたのだろうか、その中における役割はどういうものであったのだろうかと彼は自分に問うたことでしょう。希望が失望に終わったことへの深い幻滅と激しい自己嫌悪に苛まれる中で、彼の自問は続きます。彼は、自分は師に対してどのように振る舞ったのだろうか、イエスが自分にしてくれたすべてのことに対して、自分はどうして裏切りによって報いてしまったのだろうかと自分を責めるのです。こうして彼の思いが頂点に達するや、彼の心はこなごなに砕かれてしまったことでしょう。そして彼は、そのような時に人がよくするように、「もしこのことが実際二年前でありさえしたならば、つまりもしこの長い夜の終わりにイエスが来られ、私たちの船に乗せてくれるよう頼み、網をおろしてとるように言われ、一網の魚がとれさえすれば。また私が帰っていき、再び呼ばれさえしたならば。またもし私が再び出発するならば、今度は違った結末になっていたことがわかるだろう」と心の中でつぶやいたに違いありません。しかし、「そのようなことなど起こるわけがない」というところで、彼のつぶやきは終わってしまうことでしょう。というのも、自分の失敗に直面するとき、私たちの前にたちはだかる厳然とした事実は、過去は過去であって呼び戻すことはできないということだからです。「物事は事実そうある通りなのであって、その結果は、そうなるしかないのだ」と。もし私たちが幸運ならば、別の機会に恵まれるかもしれません。しかしそうでないかもしれません。しかしその機会に恵まれるとしても、それは最初の機会のようなものではないでしょう。私たちがすでにやってしまったことは、もはや変えることはできず、私たちの中に恐ろしく根強く残っています。私たちは失敗してしまったので、私たちの後に来る人々にはもはや同じチャンスが二度と与えられないのです。アダムの最初の罪の責任といういかめしい教義には、その恐るべき真理が存在します。私たちの失敗の責任は私たちだけに留まりません。他の人々もその責任を負わなければなりません。そして、事はそのように如何ともしがたいのですから、私たちは常識の勧めるままに、ただ数々の事実にひざまずき、過去は過去でそのままにしておき、与えられた思わしくない状況を生かすように努力することしかないというのです。

そのようにペテロはその夜考えたに違いありません。しかし彼は誤っていました。私たちも彼のように考えると誤ることになります。朝が来たとき、岸の上にいる誰かが彼らに語りかけ、魚を捕まえたかと尋ねました。彼は、彼らが「いいえ」と答えたとき、彼らの網を舟の右側に降ろすよう命じました。「すると彼らはおびただしい魚のために、網を引き上げることができなかった」のです。するとヨハネは「主です」と言いました。そのときペテロは突如として、あの恐ろしかった夜がまたやって来たように、イエスが来られるという起こるはずのないことが今また起こって《いる》という思いに激しくとらわれたのです。そして「彼は上着をまとって湖に飛び込みました」。そして彼は、再びイエスのところにやって来たのです。

そうです。それは大変美しい物語であると言えるかもしれません。しかしそれは奇跡の物語です。生きていくことの厳しさからせめて想像の中だけでも救われたいために、人々はいつも奇跡の物語を語ってきました。しかし、生きることの厳しさがそれによって変わったわけではありません。その厳しさをしばらくの間忘れることができたとしてもです。私たちが過去の動かしがたい事実に直面し、起こってしまったことは起こってしまったのであり、それがすべてだということを知らされるとき、およそ一九世紀前にガリラヤ湖で奇跡が起こったからといって、あるいは起こったといわれているからといって、私たちはそのことに慰めを見いだすことが実際にできるでしょうか？　たとえそのことが本当に起こったとしても、継続して何度も起こるということがなければ、すなわちそれが私たちの生活に奇跡をもたらすものでないとすれば、どうして私たちの助けになりうるでしょうか？　そして、もしその奇跡が現在起こらないならば、私たちはその奇跡が当時起こったとどうして信じられるでしょうか？

物語がそこで終わるのなら、こうした異議はまったく理にかなっているでしょう。しかし私たちは重要な奇跡の部分に到達したのです。シモン・ペテロにとって彼が一五三匹の魚をとったということ自体が喜ばしいものではなかったと同様に、彼が魚をとったにせよとらなかったにせよ、私たちにはどうでもよいことです。本当に重要なことは彼が再び召しを受けたことでした。彼はあの素晴らしいチャンスを得たにもかかわらず、それを放棄しました。また彼は、キリストに従うよう召しを受けていながら、キリストを裏切りました。しかしそれにもかかわらず、彼はまたもや召されてもっと大きな任務を与えられたのです。しかも、彼のまさにその失敗によって、あるいはむしろ彼の師がその失敗をどのようにとり扱われたかを知ることによって、彼ははじめてイエスがどのような方であるかを理解したのです。イエスが彼をどれほど愛し気にかけておられたか、彼は以前にはまったくわかっていなかったのです。もし彼がイエスを裏切っていなかったならば、そのことを経験しなかったでしょう。そのような経験から新たな力が生まれてきたのです。失敗し、それを赦してもらった後のペテロは、以前のペテロよりはるかに偉大な人間となりました。ペテロにあてはまることは、すべての主の弟子にもあてはまります。「すべて彼を捨て、逃げ去った」あの惨めな一群の人々は、使徒として働き、勇敢な英雄となったのです。

だからといって、ペテロが経験したのと同じことがどの人にも二度おこるとは限りません。十字架の悲劇だけが私たちに愛する力を与えることができるということを理解しておれば、最初からもっと素晴らしいことが起こったことでしょう。もし私たちが時間を遡って再出発することが現実に可能だとしても、私たちが最初の時より立派に振る舞うことができるという保証はどこにもありません。もっと悪く振る舞うかもしれないのです。しかし、私たちの失敗が力に変えられるならそれは実際奇跡なのです。まさに奇跡が起こったのです。私たちは同じ奇跡を私たちなりに実際に経験することができます。「主があなたがたを赦して下さったように、互いに赦しあいなさい」とパウロはコリント人に対して言います。そしてもし、赦しが何を意味し人々の間で何をなしうるかを私たちが考えるならば、私たちは神の赦しがどのようなものであるかを幾分なりとも理解できるようになるでしょう。

ペテロが赦された物語を読み直してみて第一にわかることは、神の赦しというものが刑罰とも刑罰の免除ともまったく関係がないということです。赦しを法律上の意味において解釈しようとするのは何とも滑稽なことです。贖いを法律上の処置とみなそうというまさにこの試みが、贖いを抑圧的な教義にしてしまったのです。しかし私は、赦すことがたやすいとか、赦しには痛みを伴わないとか言っているわけではありません。本当の赦しは、「放免すること」や「それについて何も言わない」ということではないのです。過ちを赦すことは、あたかもそれを見逃すこと、それに目を止めないこと、それを軽視することであるかのように私たちは語ることがあります。その意味では、私たちがあまり気にもとめていない人々を赦すことはたやすいことです。ある人々が私たちを誤解したり中傷した場合、あたかも彼らのやったことは私たちに関係がないかのように振る舞うならば、あるいは私たちがそのことに気をとめるいわれはないかのように振る舞うならば、それは高ぶった傲慢な赦しなのです。私たちは時折このような赦しを人々に与えることがありますが、そんなことをすれば私たち自身の尊厳を損なうことになるでしょう。私たちはしばしば、私たちが愛している人々を赦すことの方がそうでない人々を赦すよりも難しく思えることがあります。私たちが彼らを愛しているだけに、彼らには私たちを傷つける力があるからです。また、私たちの愛する彼らが間違ったことを実際に行なうのではないかと、心配でたまらなくなるからでもあります。しかしそうした痛みは、本当の赦しが始まるときに必ず伴うものなのです。もしも私たちが友人をあまり愛していないのなら、また私たちが彼の誤った考えを好むのなら、更には私たちの彼に対する愛情が自分自身を可愛がるための巧妙な形態にすぎないならば、彼が悪いことや失敗をしたことで私たちが失望するとしても、私たちは苦い思いを抱いて彼から離れることになるだけのことでしょう。しかし、私たちが、「すべてを信じ、すべてを望み、すべてに耐える」愛をもつならば、その愛は私たちの受けた傷を包み込み、友と友とを新しい方法で和解させるでしょう。本当の愛は、ある意味では、行為ではないのです。それは何かあなたがやり始めたり、やる気になったりするようなものでもありません。

もしあなたが愛するならばあなたは赦さずにはいられないのです。あなたは神が赦されるのを止めることはできません。しかし、だからこそ、愛することはたやすくないのです。もしあなたが友人を愛するならば、彼のなした数々の失敗は同時にあなたの失敗でもあるからです。それらに伴う苦しみや失望をあなたはあなた自身のものとして引き受けなければなりません。ペテロを赦すためにイエスは苦しみの代価を支払われました。それは、人々の失敗にともなうあらゆる苦しみをイエス自身が経験されたほどに、イエスがあらゆる失敗や欠点をもった人々をそのままの姿で深く愛されたからなのです。彼は人間の数々の罪を背負いましたが、それは習慣や法律上の義務から出た行動では決してありませんでした。というのも彼らの苦悩の中でイエスも苦悩されたからなのです。

そしてもし赦すことが容易なことでないとすれば、赦されることも同様です。「ペテロは心を痛めた。というのもイエスが彼に三度こう言われたからである。あなたは私を愛するか？」ペテロは心を痛めました。その痛みによって、ペテロはキリストのまなざしの下で、自分のとった行動を見ることができるようになりました。しかし彼はこれ以後、もはやキリストにとって自分の裏切りがどのような意味を持っているかを詮索する必要はなくなったのです。赦されることは謙遜になる過程です。それは、あなたがたがそれを受け取るための権利をいささかも持たないにもかかわらず、赦しを受け取ることを意味します。それは、自分自身を満足させ自分自身だけを気にかけるという、私たち皆がもっている生来のプライドを放棄することを意味します。それは自分自身を他の何者かに明け渡すことを意味します。ペテロに対するイエスの問いが示しているように、赦されるためには愛を必要としますが、同時に痛みをも伴うものなのです。

しかしその痛みには両方の側面があります。ペテロがそうであったように、その痛みを通じて私たちは新たにされ、力を与えられます。そのことは、過去の過ちが消えてなくなったことだけではなく、その過ちに対する（過ちを通じての）勝利の経験なのです。その経験の中に、悪の問題の完全な解決が存在するのです。というのも、次の二つの真理は赦しにもあてはまるからです。つまり、全部の過程が結局は益になること、また善が勝利するための本質的な条件は悪がいかに強く現実的であるかをまずもって認めることにあるということです。贖いが悪の問題を解決するという意味は、多くの理論が言うように、悪は見た目ほどには悪くないと、悪に対する見方を変えるということではありません。いくら見方を変えたからといって問題が解決される訳ではないのです。

神についてのイエスの教えによれば、私たちが神の本性の理解に最も近づいているのは人々のうちに最も純粋な真実の愛をみるときです。そして、他のどこよりも深く神の本性を明らかにしているのは、十字架と復活のメッセージなのです。ちょうどイエスは、ペテロに接されたように、神は私たちに接します。イエスがペテロのとった行動をあたかも自分のとった行動でもあるかのように感じられ、十字架と復活を通して、ペテロの愛を新たにし強められたのです。それと同様に、神は私たちの数々の失敗や弱さの只中にあっても、私たちと共におられるのです。私たち自身がどんなに無力であると意識していたとしても、私たちの失敗は決して私たちを神から引き離すものではないのです。私たちが神に信頼するならば、どうみても取り返しのつかない過去が変えられ、死の代わりに新しいいのちが与えられるのを見ることでしょう。

「しかし、これらすべての中にあっても」とパウロは言います。「私たちは私たちを愛して下さった方によって圧倒的な勝利者となるのです。私はこう確信しています。死も、生命も、御使いも、権威ある者も、今あるものも、高さも深さも、そのほかのどんな被造物も、私たちの主キリスト・イエスにある神の愛から私たちを引き離すことはできません」（ローマ人への手紙八章三七―三九節）。

六　救いを与える信仰

「先生がた。救われるためには、何をしなければなりませんか」。彼らは言った。「主イエスを信じなさい。そうすればあなたもあなたの家族も救われます。そして彼らは、彼とその家の者全部に主の言葉を語った。……それから彼は……全家族そろって神を信じたことを心から喜んだ」（使徒の働き一六章三〇―三四節）。

私たちは、古くからある信仰や、その信仰についての教えが意義を失いつつある時代に生きています。この時代においては、宗教的経験をごく普通に述べる言い回しが、奇妙で無意味なものになっています。そうした言い回しは、私たちより前の世代にとっては当然のものとされ、何の困難もなく受け入れられていました。また、この時代にあっては、キリストにある救いや信仰といった言葉は、外国の人々が使う言葉であるかのように考えている人々もいます。それらの言葉はある人々が経験したことを表現したものであることを私たちは認めます。しかし、多くの人々にとっては、そのように表現されたことを経験することはとてもありそうにないことなのです。こうした言葉で表現された宗教的経験を人々が話すとき、私たちはそうした経験をたんにある種の賜物（ある意味では賜物であることは疑う余地がないのですが）としてのみならず、魔術的な賜物——それを獲得するために私たちは何をすることもできず、また私たちの日常生活とは何の関係のないもの——と考えがちなのです。私たちは人々が次のように語るのを聞きます。「私は、他の人々がこの神秘的な経験をすることを否定するつもりはない。彼らがそのような経験をすることは疑う余地がないように思える。しかし、私たちがそのような経験をしないことも同じように疑う余地がない。だから、宗教は私には何の意味のないことなのだ」。あたかも、私たちは皆偶然的で気紛れなカルヴィニズムを信じているかのようです。宗教的経験を与えられる人々もいれば、それを拒否する人々もいます。それゆえ、私は音楽的でないという人がいるように、私は宗教的でないという人もきっといるに違いありません。結局それだけのことであって、宗教的であるかないかはどちらでもよいことなのだということになります。

こうした状況にあって、体系としてのキリスト教をまったく知らない男女が経験したことの記録に立ち戻るのは私たちにとって益となるでしょう。彼らは、ペテロ第一の手紙の中に「暗闇の中から神の驚くべき光の中に招きいれられた」と述べられているような経験をしましたが、その時彼らに何が起こったのでしょうか？　私はピリピの看守の物語を考えたいのです。彼は、救われるためには何をしなければならないのかと質問しました。現在そうした問いの答えとしてしばしば言われていると同じように、彼も主イエスを信じなさいと言われました。その結果、彼は大いに喜んで神を信じたのです。ここには、救われ、イエスを信じ、主の言葉を聞くという聞き慣れた言葉のすべてがあります。しかし、ここには一連の聞き慣れた言葉以上のものがあります。すなわち、現実の人間の経験についての生き生きとした説明があるのです。次のように問うてみましょう。その看守はその後どうなったのでしょうか？　パウロとシラスが彼に語った言葉は、非常にリアルで人を引き付けるものがありましたが、それらの言葉は彼にとって何を意味していたのでしょうか？　価値観と知的伝統に関して当時と現在とでは途方もない相違があるにもかかわらず、彼に起きたことは、今日の私たちにとっても有意義な普遍性を持っているのでしょうか？

看守はその後どうなったのでしょうか？　救われるために何をすべきかと問うことによって彼は何を言いたかったのでしょうか？　この問いに対して、彼は特に道徳的なものを求めていたのでもなければ、特に宗教的なものを求めていたのでもなかった、また彼はパニック状態の中で絶望的なほど恐れていた、そして彼は地震によってとり乱していただけではなく、破滅することに怯えていて、自殺しようとしていたと、言う人がいるでしょう。それでは私たちも、「総じて宗教というものは」と語る人のように、彼の救われたいという願望は彼の利己的な恐れから生まれたものにすぎなかったと言うべきでしょうか？　また私たちは、看守が自分の生活を価値あるものにしていたすべてのものが失われるという現実に直面して、その恐れから救われたいと思ったと考えるべきでしょうか？　また、彼はほとんど称賛に値しない人物であったが、もしも冷静に人間には不幸はつきものだと受けとめ、ローマ風に自分の刀の上に倒れかかったとすれば、少しは称賛されたかもしれないと、言うべきでしょうか？

この箇所をそのように読もうとすると二つの障害につきあたります。看守がパウロとシラスのところへやってきてこの訴えをしたのは、彼が物質面での不幸から救われる前のことではなく、後のことでした。彼らは彼が自殺するのをやめさせました。彼らは、彼が狼狽する必要のないこと、囚人たちは無事であり、それ故彼も彼らと共に無事であることを教えました。彼はすでに物質面での不幸から救われていましたが、その後で彼が来て「救われるためには何をしなければならないのか？」と尋ねたのです。もう一度問います。もし彼の望みが物質面での不幸からの救いであるならば、彼はどうしてパウロとシラスに訴える必要があったのでしょうか？　この二人は放浪者であり、当局者が鞭打ち投獄し、看守である彼が世話をすることになったのです。彼が彼らに訴えたのは、この恐ろしい経験の中で、彼が持っていない力と確信を彼らが持っていることを彼が悟ったからなのです。彼らは自分たちに起こったすべてのことによっても度を失うことがありませんでした。彼らは鞭打たれ、足かせをはめられ、動くことができませんでした。そこに起こった地震は彼らにとっては一層堪え難いものであったはずなのですが、彼らは幸福で心に平安があったのです。看守は、不幸から逃れるための機嫌取りの魔術をたまたま使うが彼自身と何ら本質的に変わらない人々に語りかけるように、救われるために何をなすべきかとパウロとシラスに尋ねたのではありません。パウロとシラスを他の人々からはっきりと区別できるのは、二人が物質面での災いをほとんど気にかけていないように見える点でした。彼は、災いを経験しても狼狽したり平静を失うことのないような力の臨在に気付くようになったのです。彼の宗教的経験の始まりは彼が《彼ら》を信じることでした。彼が二人の囚人を《先生方》と呼んだ時、それは普通の儀礼的な表現では決してなく、彼らを礼拝するといってもいいような表現だったのです。古くから伝わった神学によれば、罪を確信すること、もしくは救いの必要を覚えることが魂に対する神の最初の働きかけであるとされます。この人が最初にキリストに触れたそもそもの始まりは、ほとんどの人々の場合と同様にこういうことでした。彼は自分の罪を《確信》し、突然目前にリアルに迫ってきた何かを強く求める必要があると感じたのですが、この思いは聖霊の力はよきもの、偉大なものであるという認識を伴っていたのです。この力は、様々なこの世的な力によって少しも自分を飾ることをしなかった人々の生活の中に見られたものです。ちょうど福音書に書かれている弟子たちや男女がイエスのところに来たのと同じように、彼はパウロとシラスのところへやってきました。彼が持っていない何かを二人はもっており、その何かを彼はどうしても手に入れたかったのです。救われたいという彼の思いは、パウロとシラスのようになりたいという思いに他なりませんでした。それは彼の願望でしたが、彼の信仰でもあったのです。

宗教的経験は、物質面での安定を失うことによる恐れがきっかけとなって始まるかもしれません。

しかし、物質面での救いを願うことも、ある命題が真であるということの謎めいた確信も、宗教的経験の始まりとはいえません。それは、聖霊の力を認めること、その力を崇め讃えること、そしてその力を持つことを願うことに他なりません。というのも、この世にあっては、生活が順調なときは色々と忙しく、物質面での力や野心や安楽に心を奪われやすいものです。それ故、私たちは聖霊の力に偶然出くわすことがあっても、その力の存在にまったく無分別になってしまいがちだからです。あるいは、一時的にその力を意識することがあっても、その力を求めようとは思わず、むしろその力が私たちのこの世的な生活の妨げとなることに憤慨しがちだからです。自己満足した世俗的な人間にはイエスはお手上げでした。プラトンにとって門閥に捉われた人間がそうであったようにです。しかし、「光はやみの中に輝いている。やみはこれに打ち勝たなかった」（ヨハネの福音書一章五節）とあるように、人生には私たちが聖霊の影響に敏感になる瞬間がままあるものです。その時、光はメッセージのようによく知られた事柄を通じて輝き、私たちを感動させます。最初にイエスに従った人々はイエスを信じる信仰を何も持っていませんでした。イエスには伝統や地位からくる権威が何もなかったからです。ただ、彼がどのような人間であったか、どのように話し行動したか、彼がいかに聖霊と確信によって輝いていたかは、彼らには明らかであったはずです。ピリピの看守はパウロとシラスの中に同じような輝きを見いだしたのです。そして、もし私たちがキリスト者としてキリストに従う時には、イエスに備わっていたこうした属性とあの聖霊の力を認め、讃え、崇めればよいのです。聖霊の力はいつでもどこでも見いだすことができます。私たちの霊的な経験の始まりは、私たち以外の人々の中に私たち自身のものではない力をみて、その力を求めようとし、その力を信じることでなければなりません。表現のされ方は異なっていても、それはあらゆる階級や世代に共通の普遍的な経験なのです。

「私は正しくないが、正義を求めようと努めることはできる。私は思いやりのない生活を送っているが、思いやりのある生活を選ぶことはできる。私は、愛のない者だが、愛のある人生でなければならないと言いたい。私は、真実なものに無分別であるが、自分が無分別であることを嘆き叫ぶ」。

ワーズワース(13)は、『逍遙遊』［十三］のすぐれた一節で次のように述べています。

「私たちは賛美、希望それに愛によって生きる。
そして、これらが私たちのうちにうまく留まっているならば、
存在の尊厳の中で私たちは高められていく」

パウロとシラスは主イエスを信じるように看守に言いました。彼らが言ったことはどういう意味をもっていたのでしょうか？　ネガティヴな意味合いからいえば、彼らがもっている力は彼らのものではないということでした。その男が信じるべきは《彼ら》であってはならなかったのです。今彼が感じているように、彼らもかつては自分が無力であり救われる必要があると感じていました。彼らは《先生方》と呼ばれてはならなかったのです。それに値するのはただ主イエスだけだからです。彼らの生活の中にある新しい力はイエスから来ました。だから看守はその同じ力の源であるイエスのもとへ行かなければなりません。では今度は、彼らが看守に言ったことのポジティヴな意味合いは何だったのでしょうか？　キリスト教の勃興期のことを書いたある人物は、パウロはイエスを熱狂的に崇拝する新手の教団の創始者であると主張します。イエスの最初の弟子たちは、東地中海で流行したやり方に従って、彼らの師への愛と感嘆の念を礼拝と神格化に変え、かくして、キリスト教をイエスを礼拝する宗教として興したのであって、それは英雄を神格化する当時の他の宗教の一種にすぎないと彼らは言います。時折私たちは、歴史の中のイエスへ立ち戻るよう求められます。歴史の中のイエス像は、この人物のいうイエス崇拝とさほどかけ離れてはいないのかもしれません。私たちは、福音書に描かれている歴史上のイエスを見よと言われます。また私たちは、イエスがよみがえって今も生きており、彼が地上にあるとき自分に従う者たちに力を与えたのと同じやり方で今も人々を鼓舞し助けることができるので、イエスは私たちの礼拝の対象たりうることを信ぜよと言われるのです。こうしたことは、ある種の宗教的感情［の高まり］が引き起こす見方です。しかし、このようなイエス礼拝は、実際真剣に考えるに値しないでしょうし、それがパウロの教えでなかったことは確かなことです。ユダヤ人の中でそのような教えを信じることのできた者は一人もいませんでした。パウロは、私たちが模範や手本とすべきもの――それは私たちを神への称賛と愛へと導いたのですが――は決して抽象的なものではなく、イエスの生涯と死であること、そして、それは神の本性を最高に啓示していること、しかも、イエスの生涯と死において顕著に示されたことは、程度の差はあれ、神の霊によってつき動かされた人々すべてのうちにもリアルに示されていることを堅く信じていました。彼はコリントの人々に次のようにのべています。「私たちの先祖はみな同じ御霊の飲み物を飲みました。というのは、彼らについてきた御霊の岩から飲んだからです。その岩とはキリストです」（コリント人への第一の手紙一〇章四節）。そのように、私たちの物語では、看守ははじめにパウロとシラスを信じ、彼らから主イエスを信じるように言われ、最後に、主の言葉を聞いた後、大いに喜んで神を信じたのです。

この二重の確信はキリストを経験することの基礎なのですが、この確信に対して知的な表現を与えようとする試みの中で、次第にキリストの人格が入念に教義化されていきました。この教義の背後にはいまや不適当なものとなった古い思想が見いだされるのですが、もし私たちがこの教義の歴史をたどるならば、私たちは、この教義の複雑な発展によって、新約聖書のシンプルで生きた経験からはるかにかけ離れた無味乾燥な領域へと導かれるようにみえます。また、教義の発展段階のどこをとっても、キリストを経験する本質的な側面のいずれをも否定するようにみえるような知的な解釈、その当時の神学的な言語を用いるならば、キリストの人性と神性のいずれをも否定する知的解釈に対する、一貫した論駁がみられます。それがどれほど真理であったとしても、またこれらの教義を定式化したものがキリストを経験することの最高の知的表現であったとしても、今日ではもはやそうではありません。それらは私たちがすでに放棄してしまった形而上学に依拠しています。そして、私たちがそれらの中に何らかの意味を見いだすことは困難です。にもかかわらず、私たちにとって重要なのは、それらの教義上の定式化の不十分さに囚われるあまり、それらが本来表現していた直接的な経験のリアリティと真実さを見失わないことです。それらが不十分であるとわかっている私たちとしては、最初から、新約聖書の男女らが始めたところからもう一度始める必要があります。しかし、誰であれそこから新しく始めるためには、私たちが人間の生活のうちに臨在する霊的な力に対して自らの心を開くことが条件となります。その霊的な力はイエスの生涯を扱った福音書のうちに述べられていて、見ようと思えば、今日の男女の生活のうちにも見ることができます。そして、私たちがそれを見て、私たち自身の不安や自信のなさに較べ、その霊的な力が与える平安と確信がいかにすばらしいかを理解するならば、その力を信じようではありませんか。

霊的な力を信じることとは、二つのことを意味します。一方では、その力を讃え、敬い、それに倣うこと、他方では、その力に信頼し私たち自身をそれに委ねることです。というのも、私たちがその力に働く機会を与えさえすれば――多くの雲のような証人が私たちにそのことを保証しています――それがまったく力そのものであり、私たちの生活において力となりうるものであること、その力が自分自身の生活に目的と広がりを与え、私たちの生活のすべてと私たちの知るあらゆるものに意味と秩序を与えることがますますわかるようになることでしょう。私たちはその力が、個人の生活のうちに自らを表現するものであること、そしてまたすべての人々の生活を越えたものであることを知ることになるでしょう。そしてその力を知ることによって、私たちは（その力の源であるイエスが）人であり同時に神であることを知るようになります。もしその力がかくも意義あるものであることを進んで信じるならば、宗教的な経験は、ある人には認められるけれども他の人には否定されるような魔術的な贈り物ではなく、すべての人々がそれにアクセスできるものであることがわかるでしょう。

初代教会は、キリストを知る経験が世界の意味を解く鍵であるという確信の上に当時のあらゆる学問を含む思想体系を打ち建てました。この総合を私たちの時代の学問と思想は広範に破壊してきました。現代の知識は他の時代に比べて膨大な量と範囲をもっているので、十分な総合は一層困難な課題となっています。私たちの世代においては、神学は決して打ち建てられないでしょう。しかし、もし事物の各々独立した部分についての知識を付け加えることに汲々とするだけで、各部分を総合することが依然として可能であるということを忘れてしまうとすれば、私たちは得たと同じだけのものを失うのです。しかし、世界を総合する力、世界を神の啓示されたものとしてみる力を私たちが新たに得ることは可能なのです。というのも、人間の生活に内在する聖霊の力を見て信じることは、ピリピの看守と同様に、私たちにも自由に開かれているからです。したがって私たちも、その信仰によってもたらされる確信と光を自分のものにすることができるのです。

主イエスを信じることは単純なことですが、容易なことではありません。もし私たちが本当に聖霊の力を信じるならば、私たちはまったく別人のようになり、世界をまったく別世界に変えることになるはずです。しかし、もし私たちが霊的な力を求めるならば、私たちは自分自身を聖霊に委ね、聖霊が求めるままにしなければなりません。私たちは何度も何度も、心の最も奥深くにある欲求に面と向うことを避けて、安価な代用品を試してみようという誘惑にかられます。その代用品は私たちの生活を私たちに都合のよいようにうまく扱ってくれますし、私たちにあまり多くを求めません。その代用品とは、お金や政府や組織あるいは古代や現代の魅力的な神学を信じること、要するに、神ほど多くのものを求めないものでありさえすれば何でも信じることなのです。それは大きな誘惑です。というのも、私たちは、私たちに何が求められているかということは考えますが、求めている方が何者でどういう力をもっておられるのかを考えないようにするからです。しかし、弟子たちはイエスに従い、看守はパウロとシラスを通じて救われました。そして今日私たちは、彼らが神に自分自身を委ねるならば喜びを得るということを、彼らの生活の中に認めることができるのです。彼らは、生涯を通じて背負う様々な重荷の重圧から解放されており、彼らの重荷は軽いのです。そして、彼らに与えられている力の故に、彼らは喜んでイエスのくびきを負うのです。

七 キリストの神性

「あなたがたは、死者の中からこのキリストをよみがえらせて彼に栄光を与えた神を、キリストによって信じる人々です。このようにしてあなたがたの信仰と希望は神にかかっているのです」（ペテロ第一の手紙一章二一節）。

思うに、キリストの神性はキリスト教の中心的教義であると、私たちのほとんどの者は言うでしょう。更に多くの人々は、他のどのような教義にもましてこの教義を信じてこれに同意することこそ、少なくとも自らがキリスト者であることの証明であると考えることでしょう。彼らは、この教義を認めない人々について、「彼らは私たちの主の神性を否定している」といったり、「あの考え方は私たちの主の神性と相容れない」といって異端的考えを退け、そうした人々をキリスト者と呼ぶことを拒もうとしているのです。一世紀の初代教会は、キリストの人格についてのこの中心的教義を偉大でいつまでも残る教義として入念に仕上げることに専心しました。そして私たちもまた、このように仕上げられた信仰箇条を私たちの礼拝の核心をなすものとして繰り返し唱えています。

しかし、私はあえて言うのですが、この教義が重要で本質的であることをどれほど強調するとしても、奇妙なことに、ごく普通の人々にとってはこの教義はほとんど何の意味ももっていないのです。彼らはこの教義に同意するでしょうし、それにたいする批判には激しく抵抗するでしょう。しかしそうすることによって彼らはしばしば、それを生きた教義として信じているというよりはむしろ、教会の権威もしくは伝統の重みを信じていることを主張しているのです。その教義は、彼らの個人的な生活や社会的な生活のあらゆる部分に浸透して、それらに輝きを与えるものにはなっていないのです。あなたがたの中にはこのように自問する人さえいるかもしれません。「インダストリアル・サンデイ」の説教がこの教義から始まるのは奇妙だ。今日は神学を語る日になっているのか？　私たちが神学について考えると、必ず神学上の相違について考えることになる。だから今日は、むしろ私たちの共通の社会的義務について考えるべきではないのか？　それは、見解の違いはどうあれ、私たち皆がなすべきであると認めているものである。それは差し迫った必要であり、私たち皆の心を動かすようなよりよき社会生活への願望である。私たちに求められているのは、キリスト［の神性］に関する教義を考えることではなく、生活においてキリストに従うことではないのか？」しかし、もし私たちがこのように考えるとすれば、宗教の中心的教義は私たちにとって死んだ教義になってしまっているのです。もしもそれが真に私たちの信仰の中心的教義となっているならば、それは私たちの生活全体に力を与えるはずです。というのも、もし私たちが生活していく上で宗教が力にも創造的刺激にも、また導き手にもならないならば、私たちはむしろそのような宗教など棄ててしまって、ただ正直に生きるようにした方がよっぽどいいのです。宗教に情熱もなくただ習慣的にとりくんでも何もなりません。とりわけ重要なことは、宗教はこの世との関係を断って密閉されたところに閉じこもって、取り組めるようなものでもなければ、また職業として専門的に携わる人々の特殊な関心事とみなせるようなものでもないのです。その意味において、今朝新約聖書に立ち戻って、最初にキリストを知りキリストの言葉を聞いた人々に実際にどんなことが起こったかを考えることは有益なことでしょう。

今朝の聖句が明らかにしているように、これらのキリスト者たちは、神を信じることから始めて、続けて自分たちが礼拝している神がご自身を啓示され、キリストのうちに受肉されたのだ、と主張しているのではありません。ところが私たちは一般に、神との出会いをあたかもこのようなものであるかのように受け取っています。彼らの場合、神との出会いのプロセスはまったく方向が逆なのです。「キリストによってあなたがたは神を信じたのです。神は死者の中からこのキリストをよみがえらせて彼に栄光を与えたので、あなたがたの信仰と希望は神にかかっているのです」。私たちは神への信仰をはじめから当然のものとみなしがちです。あたかも、私たちが神を信じているというのはいわずもがなであるかのようにです。尊敬に値する人々は皆そう考えています。神の存在をめぐって言い争うのは田舎の人々くらいものだという人がいますが、私たちも同じようなものです。私たちが当然のものとみなしているそういう信仰は、決して価値があるとはいえません。伝統や教育もしくは共通の慣習、そのようなものによって私たちが神を信じて救われるわけでは決してないのです。本当に神を信じるということは断じてありふれたことではなく、人生における途方もなく大きな出来事なのです。少なくともいえることは、聖句にあるキリスト者たちは神を通じてキリストのところに来たのではなく、キリストを通じて神のところに来たのです。キリストに出会い、彼の言葉を聞いたことによって、彼らはこの世界を今までとはまったく違ったように考え、感じるようになりました。彼らが出会ったのは、この世の権威や権力を何も持たず、お金や社会的地位もなく、誰の目からも失敗とみえる経験をし、恥ずべき不名誉な死を経験した人物だったのです。しかしまさに彼がそういう人であったということの故に、また彼が語り、行ったことの故に、力が彼から来たのです。人々は力が与えられたという確信を彼から得ました。だから彼らは、キリストがあの失敗と死に対してすらすでに勝利されていたこと、まさにそのことの故に神の力によってこの世界に光が与えられ、この世界がキリストによって支配されるようになったことを知ったのです。そうした確信は彼らの人生の力となり、彼らの人生を導くものとなりました。それ故、この書簡の記者は「あなたがたは彼を通して神を信じている」と彼らに言うことができるのです。そのような確信に比べると、これまで継承されてきたどんな信仰も、神についてのどんな教義も無に等しいものなのです。あなたがたも覚えているように、バプテスマのヨハネは彼の弟子たちをイエスのところに送って「おいでになるはずのお方は、あなたですか。

それとも私たちはなお他の方を待つべきでしょうか？」と問い、イエスが答えて「あなたがたは行って、自分たちの見たり聞いたりしたことをヨハネに報告しなさい。盲人が見えるようになり、足の不自由な人が歩き、らい病人がきよめられ、耳のきこえなかった人が聞こえ、死人が生き返り、貧しい者に福音が伝えられています」（ルカの福音書七章二二―二三節）と言われました。無力な人々、病める人々、悲惨で抑圧された人々、これらすべての人々のために力が注がれたのです。そのことを理解しましょう。

こうしたことが起こったことは、キリストの神性の教義が正しいことを実際に証しするものです。ですから私たちがなによりもなすべきは、福音書に記録されてあるイエスの生涯と死を心に留めておくことであるはずです。もし私たちがそこに居て、見ることができたならば、イエスの生涯と死はどのようなものであっただろうか、と心に鮮やかに描きだすようにしてみましょう。イエスが二〇世紀のここイングランドに生きておられると仮定すれば、どうだろうかと自分に問いかけてみましょう。私たちが知っている人で、ナザレのイエスのうちにある精神を彷彿とさせる人々のことを考えてみましょう。その精神を彷彿とさせることが、最もすばらしく高貴なものであると私たちが本気で考えているかどうか、そのようになりたいと思い、そうなることによって私たちが直面する数々の問題を解決しようと本気で考えているかどうか、彼らのあの生きざまから出てきた力をみて、その力を自ら経験しようとすることに労を惜しまなかったかどうか、自分に問いかけてみましょう。ほとんどの人々にとって、この物語はあまりにもしばしば語られてきました。それでこの物語には、伝統の重みや詳細な神学的説明、それに古くからあるおびただしい組織のようなものがまとわりついてきたのです。それはあまりにも当然のこととみなされ受け入れられてきたので、その物語が実はまったく新鮮で力あるものであることを私たちは理解できないのです。イエスはまず最初に誰よりも心をつくして神の国を求められたので、他のすべてはそれに加えて与えられました。彼は、組織や慣習や伝統、社会的に認められることや外面的な成功、まさにそういったものに背を向ける生き方を選んだのです。しかし私たちは神の国以外のものしか見ないために、本当に大切なことを見失う傾向があまりにも強いのです。もしそうならば、私たちは決してキリストを知ることも、彼を通して神を知ることもないでしょう。

初代のキリスト者たちが理想的な生活を見聞きしたこと、キリストの教えに関してよくいわれるところの道徳的な高尚さを理解したこと、彼に倣うように求められていると感じたこと、このようなことは彼らが経験した核心的なことではありません。キリストをたんに従うべき教師や模範というレベルに還元するような解釈に対して、教会は常に反対してきました。そのような解釈は、彼らの経験したことの本質、つまり力の源はキリストのうちにあり、彼に従うことはどのような力よりも偉大な力に自分自身を明け渡すことであるということを無視するものなのです。人間はいくら努力しても限界がありますが、その力は人間の努力とはまったく異なっていて、人間の努力よりもずっと偉大なものでした。だから、彼らはその力が神から来たものに違いないと考えたのです。

次のように言って、自分自身を混乱に陥れたりしないようにしましょう。「その通り。キリストの生涯のうちにはこれらの特別なしるしや奇跡が存在したことは疑う余地がない。そして、私たちの宗教はそういうことが起こったと言う。しかし、それらははるか昔のことであった」と。この手紙の名宛人であった人々は、イエス自身に出会ったことはなかったのです。では、どうして彼らは復活などという奇妙な物語を信じたのでしょうか？　もし彼らがイエスに出会ったとした場合、何か決定的に違ったことが果たして彼らに起こったでしょうか？　彼らは神がキリストを死からよみがえらせ、彼に栄光を与えたと信じましたが、それは彼らがキリストの弟子たちの中に力といのちを見たからなのです。パウロの言葉によれば、彼らはキリストとともによみがえった人たちに出会ったのです。彼らは弟子たちの生活のうちにキリストのうちにあったのと同じ力をみたのです。それで彼ら自身のうちにも同じ力があるのを経験しました。このようにして、彼らはキリストを通して神を信じるようになり、神を信頼し神のうちに希望を抱いたのです。

キリストの神性を信じることとは、キリストの生涯と死にもまして偉大なことは世界には存在しないということ、世界を支えている力の本当の秘訣はキリストのうちにあるということを信じることです。そしてもし私たちが本当にそのことを信じているならば、そのとおりに行動するはずです。私たちはキリストのやり方を今よりももっと勇気をもって試みるはずです。そうすれば私たちは世界をまったく違ったように変えているはずです。もし私たちが今朝の聖句に示された教訓に本気で耳を傾けるつもりがあるならば、また私たちがキリストに従う者であることを告白するならば、キリストが神の力の証人となったように、私たちはそれぞれの程度に応じてキリストの証人とならなければなりません。私たちは、人々が神を信じるための助けになっているのかどうか、また自分を見る人々が神に対する信仰と希望をもつほどに、自分自身がいのちと力に満たされていることを示しているかどうかを自分に問うてみなければなりません。そうすると私たちは、次のどちらかの立場に立つことになるのです。つまり、人々が神を信じる助けになるか、あるいは、この世は貪欲や冷酷さや狡猾なずるがしこさが力をもっていて、それらがこの世界を動かしているということを人々に感じさせるのか、どちらかだということです。私たちの個人的な生活にあてはまることは、やり方や程度の差はあれ、私たちの社会生活や諸々の慣習にもあてはまるものなのです。それらを通じて、人々は神にある信仰と希望を持つようになります。キリストのいのちに満たされた生活を送っている人々がいるからこそ、キリストが送られた生活にも増して偉大なものはどこにもない、ということを信じる人々が起こされるのです。暴力や狡猾さやずるがしこさに頼る人々は、いのちを得る秘訣を理解できないのに対して、たとえ無力で未熟であっても、その人々の社会生活をみれば、すべての人は兄弟であり一人の父の子供であることが理解できるような人々は、その秘訣を理解しているのです。

人々は、現代の労働運動が唯物主義的で反宗教的であると時折言います。この運動を内部から見たことのある人々なら、こうした非難を誰一人支持しないでしょう。そしておそらく私たちは、こうした人々の見方がどうしようもなく観念的でセンチメンタルであると反論するでしょう。実のところ、教会を現状をあるがままに維持することを目的としている保守的な組織であるとみなしているのは労働運動の一部にすぎないのです。更にわが国において、はっきりと唯物主義的で反宗教的な主張を掲げている人々は、ほんの一部にすぎません。彼らの主張は、何と単調で切れ味悪く荒涼としていることでしょうか？　彼らは、すべての人の行動は物質的な生産手段における諸々の変化によって決定され、創造性や善意それに自己犠牲や愛などというものは幻想にすぎない、人間は自己の経済的な利害によって、しかもそれだけによって行動するものである、物質的な諸条件が人間の経済的諸利害の矛盾を必然的にうみだし、それ故それらを必然的に和解しがたい対立へと導くと言うのです。私たちにはこのような主張を論駁する権利が確かにあります。しかしそれを論駁する最もよい方法は、それが誤りであることを私たちの行動によって証明することなのです。私たちはそういう考えの持ち主を非難する前に、誰が彼らにそれを教えたかと問うべきでしょう。彼らの多くがその教えに献身し自己犠牲も厭わないという事実そのものが、はからずもその経済的決定論の教えが偽りであることを証明しています。また、私たちは自分自身に次のように問いかけてみるべきです。彼らとはまったく違った教義を信じている、他ならぬ私たち自身がどこまでその教義を世の人々に教えたか、そして教え続けているかと。弟子たちのメッセージを聞いて人々が神を信じるようになり、彼らの高潔さをみて神にある信仰と希望をもったとするならば、人々が唯物主義を信じるのも、他ならぬ私たちを見たからではなかったのかどうかと。私たちの無関心と不信仰が人々を幻滅と絶望へ追いやったのではないのかどうかと。

いわゆる産業革命の時代が非難されるとすれば、おそらくその最大の理由は、人々が物質的な富の飛躍的な増大にあまりにも心を奪われたがために、彼らが自分でつくった機械の奴隷になったということでしょう。彼らは機械を礼賛し、経済的決定論という冷酷にして人を絶望に追いやる教義を発明したのです。彼らが教えたのは、人間の社会的諸関係は自分たち自身がつくりだした諸々の機械や組織の意のままになるということでした。この悲観主義的な教義は何年もの間この国の正統的な信条であったのです。人々はもっと真実で高貴な原則に基づいて行動する場合よりもはるかに首尾一貫して、この信条に基づいて個人的に生活し、この信条に基づいた法律をつくったのです。教会は教会で、宗教というものは来るべき世界だけに関心をもつものであるという思想にあまりにも心を奪われていたので、彼らは進んでこの世界を悪魔に譲り渡し、経済的産業的諸関係においてはキリストが関わりをもったり、力をもったりすることなどありうるはずがないという立場に気前よく同意したのです。ディズレーリの『シビル』やディケンズの『つらいご時勢』、ガスケルの『北と南』[14]を読んでみてください。そして、そこに描かれている男女は、はたせるかな、産業革命によって悪魔を信じるよう促されたのだと言えないかどうか自問自答してみましょう。

神に感謝すべきことに、私たちの心はもはやあの冷酷な教義の誤りに取りつかれてはいません。分別のあるはずの人々の中に依然としてその教義を支持している人々がいるとしてもです。私たちがつくった法律は、すでに久しくその教義を退けてきました。同胞への愛を分かち合うという真理が、私たちの産業においてほど必要とされているところはどこにもないことを、ほとんどの者が理解するまでに至っているのです。キリストが説いた「愛に基づく」人間関係のあり方を抜きにしても人間生活の経済的部門は成り立っていくのだという考え方は、不毛でばかげています。今日では誰でも、協力や協調の必要性について語っています。しかし、何かを求めるために私たちがより良くなることと、その何かを信じて、それを獲得することとは、別のことなのです。私たちは、対立や闘争それに征服という方法がもたらすのは絶望だけだということを、去年の度重なる経験を通して確信しています。しかし、だからといって私たちは、キリストに従った人々がまず最初にとるようになった方法を進んでやってみようとはしないのです。キリストが持とうとされなかった諸々の世俗的な力は、今日では隅々にまですっかり行き渡ってしまい、多くの人々にあまりにも強い影響を与えています。だから、私たちはそれらの力によってあたかも催眠術にかけられたように魅了され続けています。それらの力に信頼をおくならば、結局のところ絶望する羽目になることをはわかっていながら、私たちはそうするのです。こうして、私たちの社会がだんだんと二つの敵対する大きな陣営へ組織されていくのを、私たちは知らず知らずのうちに許し続けているのです。各々の陣営は来るべき衝突に備えて次第に訓練され統制され、衝突が不可避であると本気で考えるようになりました。自分たちの組織が勝利したあかつきには、キリストの模範にならって自らを変革すると考えることによって、彼らはおそらく自らを欺いているのです。さあ思い起してみましょう。キリストが彼の弟子たちと交わされた約束の最大のものは、彼らのうち「二人もしくは三人」が彼の名において集うときには、キリストが彼らの只中におられるということでした。もしキリストの教会が自ら告白する教義やキリストの約束を信じて、その約束に基づいて行動するならば、私たちの背後に神の力をもつことがどんなに素晴らしいことであるかを知ることになるはずですし、私たちの産業の諸関係や社会生活全般において神にある信仰と希望をもつことになるはずです。

八　偶像

「その国は偽りの神々で満ち、彼らは自分の手で造ったもの、指で造ったものを拝んでいる」（イザヤ書二章八節）。

十戒の第二の戒めから黙示録のくだりに至るまで聖書全体を貫いているのは、偶像礼拝への憎悪と侮蔑ですが、それはユダヤ宗教の最も顕著な特色の一つです。たとえば黙示録においては「悪霊どもや、金、銀、銅、石、木で造られた、見ることも聞くことも歩くこともできない偶像を拝み続ける」（ヨハネの黙示録九章二〇節）人たちが告発されています。預言者にとってイスラエルは偶像を礼拝する他の民族から区別されていました。イスラエルの神は人間や動物に似せて描かれたり、そうした像を造って礼拝されたりしてはならなかったのです。そのような礼拝と神を結びつけることは堕落以外の何ものでもなかったのです！　にもかかわらず預言者たちによる数々の告発や侮蔑は、ユダヤ人たちが彼らの伝統や戒めに逆らって、生ける神の礼拝から偶像礼拝へと繰り返して転じたことを示しています。彼らはいとも容易に隣国の諸宗教をほめそやし、それらの異様な信仰や慣わしを取り入れただけではありません。何度も何度も彼らはエホバを礼拝するのに諸々の偶像を導入したのに対し、厳格な宗教改革者たちはそれらを何度も何度も取り除けたのです。民数記には不思議な物語がありますこモーセが燃える蛇の侵入によって苦しんでいる人々をいやすことを許され、青銅の蛇を作り、上にあげました。そうして、燃える蛇に嚙まれても青銅の蛇を見上げた人は皆いやされたのです。そしてこの物語は、ヨハネによる福音書においては十字架の象徴にされています。「モーセが荒野で蛇を上げたように、人の子もあげられなければなりません」(三章一四節)。しかし、第二列王記には、ヒゼキアが王座についたとき「彼は高き所を取り除き、石の柱を打ち壊し、アシュラ像を切り倒し、モーセの作った青銅の蛇を打ち砕いた。そのころまでイスラエル人は、これに香を焚いていたからである。これはネフシュタンと呼ばれている」(一八章四節)と言われています。ネフシュタンは青銅の破片です。

このように「偶像に」魅せられたかと思うと、また退けるということが絶えず繰り返されることにはどんな秘密があるのでしょうか？　人間性の中に偶像をいとも容易に《礼拝》させる何かがあるのでしょうか？　聖書の最初から最後まで激しい非難がなされているのですが、そうした礼拝のどこが悪いのでしょうか？　これは問うに値する問題です。というのも、この問題は宗教の歴史を学ぶ者だけの関心事ではないからです。偶像に魅せられまた退けるというこの長い歴史は、たとえ偶像がどんなに奇妙な形態を過去においてとってきたとしても、人間に備わったある変わることのない傾向に関わりがあることは確かです。また、私たちは今日、イスラエル人とちょうど同じように偶像を崇拝する傾向があること、それに私たちが彼らと同じように預言者の告発に耳を傾ける必要があることも確かです。黙示録のあのくだりには、悪霊礼拝（worship of devils）と偶像礼拝（worship of idols）という二種類の誤った宗教の区別が示唆されています。この区別を強調することは気紛れでも何でもなく、十分意義のあることだと私は思います。宗教史を真面目に研究する人であれば、様々の信仰の中によいものが何らかの形で表現されていることをどんなに熱心に見いだそうとしても、悪いもの、人間以外のもの、それに野獣のようなものの礼拝が絶えず繰り返されていることを否定することはできないのです。人間にはある奇妙な傾向があり、可能な限り自分に似ていないもの、あるいは自分自身の中にある最も悪いものや制御できないものを礼拝しようとするのです。もし人間が生きていく上でのシンプルな真実と人間らしい善や愛情を見失うならば、心の中では悪であると気づいていながらそれを称賛し、それに没頭することにもなりかねません。こうした傾向が他ならぬ自分自身の中にあることを私たちは発見するのです。

そういう傾向が人間性の中にはあるのです。その傾向は中央アフリカにおける未開の人びとに限られてはいません。私たちは自分に正直になるならば、その傾向の文明化された形態を私たち自身の中に見いだすことができます。私たちは、この種の宗教がどれほど強力で魅力に満ちているかを過小評価するかもしれません。また私たちは、「多くの頭をもつ怪獣を楽しませ、強くさせ、私たち自身の最も不敬虔で忌わしいものに、私たち自身の最も神聖な部分を隷属化させること」がいかに容易であるかを看過するかもしれません。しかし、たとえそうであっても、私たちがそのように振る舞うとき、自分が何をしているか知っているのです。「私たちが礼拝しているのが」悪であることについてはまったく疑う余地がありません。

偶像礼拝は「悪霊礼拝よりも」もっと狡猾です。それは神ではないものを礼拝することであるか、もしくは神を誤って理解することです。偶像礼拝は、悪霊礼拝よりはるかに油断のならない、人を欺く傾向をもっているのです。実際、悪霊礼拝と偶像礼拝との区別に関して、偶像礼拝は悪いものではなく、宗教における貴重な要素であると強く主張する人もいるほどです。たしかに私たちは、他の何にもまして偶像礼拝を忌み嫌ってきたユダヤ教、イスラム教、プロテスタントのピューリタニズムといった宗教が、これらの宗教ほど厳格ではない宗教が保持してきた価値あるものを、失ってしまったことを少なくとも認めることでしょう。

「彼らは自分の手で造ったもの、指で造ったものを拝んでいる」とイザヤは侮蔑的に偶像礼拝者をきめつけています。しかしもし人々が自分自身の手になる作品を神聖なるものと考えるならば、彼らが造るものは、そう考えない場合よりも一層美しく、立派で高貴なものになるでしょう。人間の手になる作品、人間の精神が形として生み出したものは、少なくとも人間の礼拝の対象であり続けた多くのものよりは、礼拝する価値があります。イザヤとは違って、偶像礼拝について共感を抱いて解釈する人であるならば、人間を偶像礼拝にかりたてる精神をまったく異なった仕方で説明するでしょう。その人によれば、偶像というのは、神について彼が抱く概念や深い思いに対して目に見える形を与えようとする人間の試みなのであり、それ自身よりはるかに偉大な何かの象徴にすぎないのです。また、人間は自分自身のうちに神的な存在を見いだすとき、それを具体的な形あるものとして礼拝したくなるものなのだと説明されます。そしてそういう欲求は、人間が自分の内側に見いだすものが、主観的なものでも、自分自身の欲求や思いの産物でもなく、自分自身の外側にあり、また上にあり、そして自分自身を超えた何かであるという認識から来ているというのです。またもし、モーセが荒野で蛇を上げたようなかたちで、人が神を象徴するものを作るならば、人はそれを敬うことができ、そのようにして神を敬い崇めていることになると説明されるのです。私たちの中には、この説明に続けて、像を造ることに対してキリスト教はユダヤ教ほど激しく忌み嫌わなかったし、嫌い続けてこなかったが、それにはちゃんとした理由があるのだ、と言う人もいるでしょう。彼らは、キリストの教えによれば、神の本性は、力、全能そして主権よりもむしろ慈悲、哀れみ、そして愛にあり、神は星空の天よりも、人に対する人の愛の中に、内にある道徳律におけるよりも子供に対する母親の愛の中に自らをあらわすと説明するのです。ここでいわれているのは、神は諸々の抽象よりも人間生活の中に自らをあらわすと考える信仰なのですから、キリスト教が多くのものをユダヤ教に負っているにもかかわらず、ユダヤ教では決して認められなかったところの、宗教における芸術の一定の役割を認めたとしても、またユダヤ人やイスラム教徒であればまず偶像礼拝であるとみなすようなやり方で像を用いたとしても何ら不思議ではないのです。典礼主義者やピューリタンといえども、時として宗教のもつこの危険な傾向に陥り、実際にも偶像礼拝的な宗教となったことは紛れもない事実です。これらのことは論争の的になる主題です。宗教上の論争においてよく見られるように、各々の側はいずれも、自分たちの宗教的経験は正しいが、論敵の宗教的経験は誤っていると主張します。いずれにしろ私は、この論争に加わるつもりはありません。むしろ私は、偶像礼拝についての考察は、必然的に、宗教的経験の二重の性格に根ざす深みへと私たちを導くことを指摘したいのです。典礼主義とピューリタニズム、礼典主義と反礼典主義、内在と超越、そしてドイツ人が此岸的教義と呼んでいるものと、彼岸的教義と呼んでいるものとの対立、こうした昔からの論争は、様々な点において、宗教にとってきわめて重大な二つの要素をどのようにふさわしくバランスをとるのかということに関係しているのです。神は人において自らを現わします。そして私たちは、単に宗教的象徴においてのみならず、自らの生活や自らの手になるあらゆる作品——私たちの芸術や文学や社会的・政治的制度——の中で神を証するよう求められているのです。もし私たちが自分自身や仲間たちのうちにある神性を崇めること、また偉大な芸術や人間精神のすべての具体的な業績の中にある神性を崇めることを学ばないならば、私たちはどこにおいても神を見ることはないでしょう。「目に見える兄弟を愛していない者に、目に見えない兄弟を愛することはできません」（「ヨハネ第一の手紙四章二〇節」）。これに対して、神が自らをあらわす仕方はそのような目に見える仕方だけではないと抗議するならばどうでしょうか？　そうなると、私たちの宗教からそのような神のあらわれを締め出すことになります。宗教というものは、肉体ではなく魂に、この世をより良い場所にすることにではなく、人々を来たるべき世に備えさせることに関心を持つべきだと、また世俗的な芸術ではなく、いわゆる聖なる芸術に、詩ではなく賛美歌に関心を持つべきだと考えることになります。かくして、私たちは自分自身が抽象物を礼拝していることに気付くことになります。その場合、私たちの宗教は容易に、抽象物がしばしばそうであるように、無慈悲かつ冷酷にして死せるものと成り果てるでしょう。そして私たちの日常的世界のうちに神が見いだされるのではないとしたならば、その替わりに悪魔が見いだされる所となることは確実でしょう。

同時に、私たちの世代に関する限り、ピューリタニズムが危険であるとか、来たるべき世に重きを置くのは危険であるとか、警告してもらう必要はほとんどないのです。これらのものが罪として私たちにたやすく付きまとうことはないのです。私たちがいつも教えられ、進んで信じているのは、聖なるものと俗なるものとの間にはっきりした区別は存在しないこと、宗教は私たちの日常生活全般に関わっているということです。両者を厳格に区別することは疑問です。自分の目や足が自分自身罪を犯させた場合に、自分が地獄の火に投げ入れられないためにそれらを切り捨てなければならないと、私たちはそう簡単に文字どおりに考えられるものではないのです。したがって、偶像礼拝に対する燃えるがごとき嫌悪は聖書を通して一貫していますが、それには諸々の理由があるはずで、私たちがそれを理解するならば何か得るものがあるはずです。イザヤは不寛容な愚か者では決してありませんでした。彼は偶像礼拝の悪がいかなるものであるかを知り、それを経験していたのです。

偶像礼拝を生みだすとイザヤが考える精神構造は、「その国は金や銀で満ち、その財宝は限りなく、その国は馬で満ち、その戦車も数限りない。その国は偽りの神に満ちている」（イザヤ書二章七―八節）というものです。偶像礼拝は、繁栄し、自己満足した者の罪です。彼らは自分の力で始めた仕事によってか、彼らの父祖たちが始めた仕事のおかげで、とにかく成功を勝ち得ました。彼らはその結果安定した地位を獲得し、今や死にもの狂いで争ったりする必要もなく、幸運を願ったり他の人々に慈悲を乞うたりする必要も一切ないのです。彼らは自らの手で成功したので、神や他の人々に依存しなくなりました。彼らが偶像を礼拝する時、実際には彼らは自分自身を礼拝しているのです。彼らは繁栄の基礎が置かれたあの時代の死にもの狂いの冒険、彼らの最初の成功を生み出したインスピレーション、そしてあらゆる創造的行為に伴う謙遜な態度、それらすべてを忘れているのです。彼らは彼らの快適で保証された繁栄を当然のものと受け取っています。もしいやしくも彼らが宗教を持つとすれば、彼らは自分の地位や自分自身を崇めるためにいかなる宗教的感情をも利用するでしょう。繁栄と成功の長い伝統の相続人である私たちは、その精神を知っており、いかにその雰囲気がすべてのものを覆っているか、またそれに抵抗することがいかに困難かを知っています。私たちは、長く続いた繁栄、市民的自由、そしてあらゆる種類の高貴な制度の偉大な相続人です。それらは多くの場合、創造的で謙遜な精神の中に打ち立てられました。それらが打ち立てられるためには、かつての偶像礼拝に反発した聖像破壊者たちが認めたよりもはるかに神の働きが伴ったのです。しかし、それらを受け継いだ人々はあまりにも容易にそれらを当然のものとみなし、これまでの自分の業績を礼賛し、それらを作り出したのは神であることにまったく無関心となりました。そうなると私たちはそうした自分の業績を偶像として崇めるのです。

富、快適な暮らし、そして成功が確かなものとなる場合、時として人はこの横柄な自己満足に陥ります。自らの手になる作品を礼拝するという罪がこの自己満足を伴うことは確かなことなのですが、この罪は一層表面に現われにくくとらえがたい形をとっているのです。キリスト教はユダヤ教から偉大な伝統を受け継いでいますが、偶像礼拝を聖書が告発する際の拠り所はまさにその伝統にあるのです。すなわち、神が人間にとっては無限の存在であるという伝統です。それは旧約聖書と同様、新約聖書のメッセージでもあるのです。パウロがキリストに内在した教えを説いているにもかかわらず、「キリストの《はかりがたい》富」「《知識を超える》キリストの愛」「私は理解したとは思っていません」といった表現をも用いていることに注目しましょう。もし私たちがあのメッセージから学んだならば、自分が最善をなしうるとか、神について最も善く考えるとか、最も献身的に振る舞うとかいったところで、そうしたことがいかに不十分であるかを、いつも悟らされることになるはずです。私たちは決して一般に容認された基準やお定まりの教義に満足できないはずです。私たちは、神が自分に何か新たな可能性を示されるのではないか、新たなことを求められるのではないかと、目をいつも開けているはずです。私たちは自分がなしたことに満足してしまうことを警戒するはずです。なぜ謙遜がキリスト教の徳であるかを理解するはずです。こうした精神のうちに生きてさえいれば、私たちは自身の手になる作品を礼拝したりしなくなるはずです。

聖書によれば、偶像を礼拝しているとき、私たちは自由のきかない死んだようなものを礼拝しているのです。「異邦の民の偶像は、銀や金で、人の手のわざです。口があっても語れず、目があっても見えません。耳があっても聞こえず、また、その口には息がありません。これを造る者も、これに信頼する者もみな、これと同じです」（詩篇一三五編一五—一八節）。もしあなたが現実に礼拝しているのが、あなたの手になる作品であって、その作品に命を吹き込んだ御霊でないとすれば、あなたは死せるものを礼拝しているのです。この種の宗教には大きな長所があります。偶像の都合のよいところはそれが「動かない」ことです。それはあなたの想像通りの役割を演じてくれます。それはあなたがそれにどんなに小さな役割を与えようとしても難なく受け入れてくれます。それはあなたに対して都合の悪い要求をすることもなければ、予期しない要求をすることもしません。あなたはどこでそれを見つければよいかを知っています。それは規律正しく、安定した生活にとっての優美な装飾品となってくれます。それは日曜日には姿を現わしますが、週の他の日には片付けられます。私たちは皆宗教をそのようにしか扱わないのです。つまり、私たちが宗教を生活の中で生かしていることについては何ら疑う余地はないのですが、その範囲については私たちが定め、限定することができると考えるのです。私たちは宗教にある程度の考慮を払いますが、それは［宗教］の意義を決めるのは私たち自身であって、宗教は私たちに対してそれ以上の要求をしないという条件付きでのことなのです。宗教はそれ自身の定められた領域を守るべきで、それから外に出てはいけないのです。宗教は完璧に区切られた空間に留まっているものだという考え方が現代では一般的ですが、その考え方に宗教は従わなければならないのです。そのように理解するならば、私たちのほとんどは喜んで宗教を信じようとします。そのような宗教を信じるからには、それにふさわしい話し方や、儀式そして行動をする義務が伴うことを他の人々が認めようとしないとすると、私たちは憤激したり、ショックを受けたりすることさえあるのです。その結果、私たちは時々宗教が生きていないなどと厚かましくも不満を漏らすのです。その類の宗教が生きたものでないことはわかりきったことです。私たちが礼拝しているのは偶像なのです。私たちは既に決めたのです。私たちの宗教の対象は死んだものであり、もしそれが生きたものとなるならば、私たちは憤慨すると。私たちが手のこんだ複雑な儀式に没頭するか、それとも福音的プロテスタンティズムの教えに最も忠実な教派に属するか、それが問題ではありません。ここで問題になっているのは宗教的信条そのものではなく、その信条を私たちがいかに用いるかということなのです。偶像礼拝に陥らないように気をつけていても、人々は自分のために偶像を造ってしまいます。このことにもまして、聖なるものや、［キリストの］神性と恩寵からほど遠いことはありません。私たちは、イスラエル人が青銅の蛇を上げていやされたように、人の子を見上げなければなりません。しかし私たちは、人の子からでさえ自分に都合よく死んだ像をつくってしまうものなのです。そんな像は破壊されなければならないのです。自分自身と仲間たちのうちに、自分たちの手が造り出したもののうちに、また神の手が造り出したもののうちに、そして神が［その運行を］定めた月や星のうちに、あえて神をみることは可能なのです。しかし、それは私たちが偶像礼拝の性格とそれに対する警告を認識していればこそ可能なのです。

偶像礼拝から生ける神の礼拝へ転じるということは、自分自身よりも無限に偉大で生ける人格に、他ならぬ自分自身を委ねることを意味します。死んだ信条や像は、私たちが想像し愛着をもつから生命があるようにみえるだけです。重要なことは、それらにではなく、私たちにいのちを与えた偉大な存在に自分自身を委ねることなのです。私たちは、神に条件を付けることはできません。神が私たちを取り扱おうとするやり方を私たちが前もって決めることはできないのです。しかし、自らを神に委ねるという試練の結果、私たちは活気と刺激にあふれたいのちを自分自身のうちに見いだすことでしょう。

宗教とは、人間のもつ願望や恐れや野心から人間が神を造り出すこと以外の何ものでもない、だからすべての宗教は偶像礼拝であると主張する人々がいます。しかし、それは間違いです。というのも私たちは、神がどのようにして私たちを召され、取り扱われたか、さらには私たちが思いもかけなかったような、また私たちの生活設計にはなかったような状況へと導かれたかを知っているからです。私たちがそのように生ける神を見いだすかどうかは、神が人間に自らを啓示された手段のすべてをどのように取り扱うかにかかっているのです。というのもわたしたちは、生活上のいくつかの関心事をその瞬間の問題としてのみ取り扱い、それらが私たちの偶然的な目的に役立ち、折りにふれて私たちの願いを適えてくれるという理由だけで関心を持ちやすいからです。その結果、私たちは光も命もない多くの偶像を礼拝し、自分自身を超えたものについては何も語ることができない自分自身に気づくのです。しかし、私たちが生活上の関心事を通して一人の方を求めるならばどうでしょうか？　それらのすべてに意味と目的を与え、共同の礼拝において私たちと仲間たちを一つにするのがその方なのです。この方を求めるならば、かつては偶像であったものが一つのいのちを啓示したものとなることでしょう。私たちは、このいのちに無限の信頼をおくことができます。このいのちに自分を委ねるとき、私たちは自分自身が何者であるかを最もよく知ることができるのです。

「いのちを求めて　　いのちを求めて
そのいのちが可愛いが故に　　そのいのちが公正である故に
いのちを欲しがる者は　　いのちを愛する者は

あくまでもそれに固執する　　　　惜しみなくそれを捨てる

いのちを愛する者は自分のわざが神からくることを知っている。
そしてそこには平和がある
いのちをほしがる者は、
そのいのちが増し加わることをどこまでも願ってやまない
いのちをほしがる者は冷淡で、死へのパスポートを要求する
いのちを愛するものは私たちのちりの中に炎を見、私たちの息の中に賜物を見る」。

九　宗教的真理の性格

I

『純粋理性批判』においてカントは、神の存在の有無をめぐる知的な議論に関していずれの立場の妥当性をも否認した後、どちらの議論も妥当でないが、自分がいつも興味をもって読むのは、否定的な議論の方であって、肯定的な方ではないという意見を述べています。「もし類い稀な天才が、人間の意志の自由、来世への希望および神の存在を否定的に論証したというのなら、その著書を読んでみたいものである、私は彼の才智が、私の見識を進歩させることを望んでいるからである。（中略）また、私は善事を独断的に弁護する人の著書を読もうとも思わない。彼が、自分自身のえせ論拠を認めさせたいばかりに相手のえせ論拠を攻撃していることは、読まない先から判っているからである。そのうえ、同じ虚構であるにせよ、新しい見解に材料を提供することにかけては、ありきたりの陳腐な論証は、巧みに組み立てられた斬新な［反対］論証に遠く及ばないからである。ところで宗教の反対者は、同じく独断的な流儀であるにもせよ、私の批判（が望むところの仕事を提供し、また批判）の原則をひとかたならず修正する機会を与えてくれもする。とはいえ私は、彼の論証などをいささかも恐れる必要はない[15]」。

宗教的真理を擁護したり批判したりする議論を聞くとき、私たちは誰しも、そうした議論のいずれもが宗教のもつ真の性格から何と遠く隔たったものであるかと衝撃を受けるに違いありません。ドストエフスキーの『白痴』の主人公は、列車の中である無神論者と交わした会話を詳しく述べた中で、無神論者というのは奇妙なことに「いつも的外れなことを話している」と言います[16]。正統的宗教を擁護する多くの人々についても、彼はおそらく同じことを述べたことでしょう。こうした議論を聞いていて感じるのですが、「これらの理論が自分の立場を危うくする」ことを「私たちは何ら恐れる必要はありません」し、それらが「自分の立場を支持してくれるのでは」と期待する必要もないのです。というのも、それらはまったく別のことに関するものだからです。そうした議論はいずれも、宗教的経験の本質である礼拝、信仰、希望をほとんど考慮に入れていないので、その本質に触れることはないのです。スコットランドのある聖職者についての面白い話があります。彼は、「おお、私たちの究極の前提であり永遠の希望である神様」と祈り始めるのです。この話のこっけいな点は、学問で用いる言葉と祈りの言葉とが釣り合わないまま混じり合っていることではなく、神が私たちの永遠の希望であることを経験したことと、究極的な前提という語り口とが釣り合わないことなのです。宗教的信仰は個人的な経験ですし、またそうでなければなりません。説教に用いるのにふさわしいのは、歴史的事実を議論したり、それに訴えるための言い回しではなく、「来て、見なさい」、「主がどんなに私に大きなことをしてくださったのかを語りましょう」というように個人的に経験したことを証しする言い回しなのです。宗教上の問題を議論する際に、もしこのことを私たちが忘れるならば、そうした議論は宗教とはまったく疎遠な領域に走り、極めて無益なものとなることでしょう。死の陰の谷から出てきたキリスト者と「信仰者」はある「饒舌者」と一緒になりましたが、「饒舌者」は道中をしゃべりながら行こうという彼らの提案を受け入れました。「天上のことであれ地上のことであれ、道徳のことであれ福音のことであれ、聖であれ俗であれ、過去でも未来でも、本質的な問題であろうと附随的なことであろうと、私たちの益となりさえすれば、何なりとお話しましょう」。バニヤンは余白に「すばらしい饒舌者」と挿入しています。そして「信仰者」はキリスト者に「確かにこの人は立派な巡礼者になりますよ」と言います。しかしキリスト者はそれに答えてこう言いました。「（彼は）口上手という者の息子で口八丁通りに住んでいました。彼の知り合いには口八丁通りの饒舌者という名で通っています。口はりっぱにききますが、ただのやくざ者ですよ」[17]。

しかし、宗教的真理を疑いをもって論駁する方を読むことによって、カントは批判的哲学の諸原理を再吟味し、純粋理性の限界に関する自分の学説を見直す機会を得ることができました。同じように私たちもまた、神学的、反神学的議論がいずれも宗教から遠く隔たったものであるという印象を持つことにより、宗教の性格や、宗教こそが真理と関係すべきであるという主張を吟味しなければならないのです。宗教上の問題において知性が生み出すことには関心がないと自ら告白する人々は、知性を感情の下に置こうとするあまり、知性によっても感情によっても現実に宗教的真理に到達できません。このことは当然だと言えましょう。彼らは、自分たちは宗教的経験がどういうものであるかを知っており、この経験をある特定の命題だけに還元することは、この経験の性格をまったく無視することになると主張します。これに対して論理学者は、宗教的経験が問題なのではなく、真理の性格が問題であり、自分たちは精神のプロセスによって真理に到達し、そのプロセスにはある明確で説明可能な諸々の特徴が存在するのだ、もし宗教の性格がこれまでなされてきた知的な議論から隔たったものであるならば、それは真理からも等しく隔たっているのだと主張します。宗教の擁護者はどちらかの立場を選択することになるでしょう。彼は知的な議論を論駁し、宗教は真理に関わるという見方を捨て去るかもしれません。あるいは、宗教的真理は存在すると述べ、知性のつくりだしたものを守るべきだと主張するかもしれません。しかし知的な議論を論駁しつつ、同時に宗教的真理について語ることは不可能です。彼が最初の選択をするとしても、宗教が誤りであるということにはなりません。真理は善ではないから悪であるとか、真理は美ではないから醜であるとか、善と美は真理ではないからそれらは幻想にすぎないとかいうことにならないのと同様です。

一見してそれがいかに説得的であると思われても、このディレンマがあっては諸々の事実を説明しきれないでしょう。というのも、宗教の擁護者は、一方では、宗教は諸々の命題が真であると考えることとは相容れないものだと主張し続けます。しかし他方彼らは、宗教的経験はある種の知識や真理を含むのであって、それらは宗教的経験には欠くことができないものであるが、そうした知識や真理は神学の命題の中には見いだすことはできず、宗教的経験それ自身のうちに見いだすことができると主張します。実際、彼らは二股をかけているのです。

こうした要求を明らかに馬鹿げたものとして退ける前に、もしくは典型的な宗教的経験を分析してみることによって、この二つの相容れない要求が宗教的経験の中に含まれていることを示す前に、宗教的経験の擁護者をして次のように論理学者に尋ねさせてみるのが賢明なことかもしれません。真理に相異なる種類があるのかどうか、もっとうまくいえば、一つの類を共通にもつ相異なる種があるのかどうかと。真理はただ一つしかないとすれば、その真理は実際には事実命題（matter-of-fact propositions）の真理でもあるという誤った前提の故に困難が生じてこないかどうかと。論理学者をしてその論理を再吟味させてみましょう。宗教的真理の問題を脇に押しやって詩的真理について語ることに意味があるかどうか。歴史的真理について語ることは、科学的な命題の真理について語ることと真理の性格という点で、まったく同じなのかどうかと。こうして吟味してくると、真理には相異なる種が存在するが、それらは一つの類を共通に持つといえそうです。また、どんな実例をみても真理が類的で一般的な性格をもつことがわかりますが、同時にそれらの実例のうちにはまったく種的で特殊な相違もあるようです。そういう認識に立ってこそ、宗教的真理といったものは存在するのか、そしてその真理特有の性格は何かという問題を吟味する価値があるのです。そのディレンマは議論の始めから存在して、すべての議論の進展を妨げたのですが、もし相異なる真理の種が存在するとするならば回避できるでしょう。このように、宗教的真理はなるほど現実に存在しますが、それは議論ないし知的方法によって得られるという性格のものではないのです。しかし、真理の性格に関する論理的な疑問は最初に片付けておかなければなりません。

プラトンの『国家』における有名なくだりを思い起こすことから始めましょう。そこでプラトンは、詩の中には真理が存在するという主張に関して議論していますが、詩は真理から遠ざかっていると宣言してその議論を打ち切っています[18]。彼は議論全体を通して、人間は偉大な詩人なので、彼の詩の中に含まれている科学的、道徳的、哲学的命題は真実だという主張を［批判的に］吟味しています。また、彼の議論の主要な眼目は、あるものを抽象化したり正確に測定したりするためのどのような手段をも、詩は無視しているということです。それらは、詩以外の領域においては真理を得るためには不可欠のものなのです。また詩は、経験する数々の要素を長々と語るように人々の精神を奨励し、真理の達成を最も害する情動を助長します。このことも詩は真理だという主張を論駁するプラトンの議論の主要な眼目です。彼の議論は、詩がたまたま表現する詩的でない命題の真理に関する限り、まったく説得力があります。詩的なインスピレーションは、冷静な思考や正確な測定といった資質がふさわしい領域においては、それらにとって代わることはできません。しかし、プラトンにしても、それで問題が片付いたわけではないのです。重要なことに、『国家』第十巻は、「詩の真の性格を理解する手段を持っていない」人々に対して詩を仮借なく攻撃することで始まり、エルの神話という詩で終わっています[19]。それはあたかもプラトンが、厳密な思考や注意深い推理や事実の公平な吟味によって、すべてをなし終えた後で、自分が獲得してきた諸成果は詩以外の他の方法によっては決して得ることができないと主張するようなものです。プラトンはいつも注意深く美と真理を区別しましたが、同時に彼はパイドロスの偉大な神話[20]が教えているように、両者の間には本質的な関連が存在すること、また美に慣れ親しむことは真理を理解しなければならない魂にとって必要な訓練であることも確信していました。

詩が私たちにどう役立つのかをよく考えてみると、プラトンと共に認めなければならない一つのことがあります。すなわち、ある詩が偉大であるからといって、それが伝える命題が科学的に真理であるということには決してならないということです。プラトンが述べているように、私たちが詩を「詩の色を取り去られ、ただそれ自体によって語られる」ような命題の宝庫とみなすとしてもです。たいていの人々ならば、人間性については、心理学についての最良の本を読むことよりも、シェイクスピアを読むことからより良く学ぶことができることを認めることでしょう。またシェイクスピアを読むことにより、どんな科学的なテキストからも教わることのできないことを人間性について学ぶことができることを認めるでしょう。また、逆の真理として、人間性について、シェイクスピアからは得ることができないことを科学から学ぶことができるということをもつけ加えておくべきでしょう。私たちがシェイクスピアから学ぶのは、彼が戯曲の中で折りにふれて人間性について多くの洞察力のある鋭い言及をしているからではありません。たしかにシェイクスピアはそのことをしています。そして、そのような言及は、心理学の著作を書くための題材として用いられるでしょうし、実際これまでも用いられてきました。たとえば、シャンド氏の『性格の基礎』[21]がそうです。しかし、シェイクスピアや他の詩人の作品を、金言や卓越した観察を集めたものとして取り扱うならば、詩の本質を見逃したことになり、シェイクスピアが並はずれた洞察をなすことができるのはまさにその詩によってなのだということをも見落とすことになります。詩がどれほど正確にそのことをなしうるかどうかを言うのは難しいことです。しかし詩は、ある現実と関係があります。つまり、詩人は彼が描く光景や登場人物を通じて私たちに感動を与えるので、詩の意味するところを正確に読みとるためには、ある程度まで詩人自身の経験を私たち自身のうちに再現しなければなりません。そのことは詩それ自体の中で、詩それ自体を通してのみなされうるのです。一体詩人とは何者なのでしょう？

「彼はミソサザイや鷲のような鳥と一緒に、鳥のもつあらゆる本能に辿り着く。
彼はライオンが吠えるのを聞き、
ライオンの興奮した喉が言おうとすることを語ることができる」。

詩や芸術が関わるのは想像の世界であって現実の世界ではないという理由で、両者は一般にいかなる意味においても真実でありえないと時折言われます。なるほど、ドラマの登場人物は、劇作家が個々に作り上げたものにすぎません。彼らが人間の諸々の模範やタイプとみなされるならば、彼らは誤解されているのです。彼らは想像の世界における人々です。しかし、こうした想像の世界の住民たちと一緒に住み、彼らを正しく理解するようになることによって、私たちはかえって現実の世界の住民をもっとよく理解するようになるということもあるのです。これらの登場人物によって、私たちは現実の何たるかを、彼らが演じる以上に洞察するようになるのです。この点をとりわけ強調したのがクローチェ(22)です。彼は、芸術は想像の世界を扱うが現実の世界は扱わないという見方を唱えた代表的人物と通常みなされています。彼は上述した説、すなわち、ハムレットが沈思黙考タイプであるとか、ドン・キホーテが空想的騎士道タイプであるとか言われるように、芸術は経験的な観念の諸々の模範やタイプを扱うものだという説を論駁しています。彼は「ハムレット型やドン・キホーテ型の人間とは誰のことをいうのか?」と問い、「誰もが皆、ハムレット型でありドン・キホーテ型なのだ」と答えています。

私たちはまずはじめに芸術家の想像の世界におけるハムレットとドン・キホーテを理解しなければなりません。それができた後で現実の世界と現実の人々に目を転じるならば、彼らのうえに光が注がれていることを見いだし、彼らを以前よりももっと理解することができます。このことが可能なのは想像の世界で私たちが彼らをすでにみていたからなのです。

詩のもつ真理の顕著な特性については、故ケア教授(23)のテニスンとブラウニングに関するエッセイの二つの箇所で述べられてきました。

「これまでつくられたあらゆる詩の中から最も重要な一節を二つあげるとすれば、真の名声を論じた『リシダス』の一節とサンプソンの死に関する次のくだりだろう(24)。

『ここには涙もなく、嘆き悲しむこともなく、胸を打ちたたくこともない。
弱さや恥辱の故に責められることもない。すべてが申し分ない。
このことの故に、かくも高貴な死において私たちの心は静まる』。

「その詩人の黙想の内容について言葉を用いて語ろうとするならば、彼の黙想は誤解を受ける。ミルトンと共に『当時極みにあった聖職者の堕落の原因』について論じることは可能であるが、真の名声に関して彼の詩が何を教えているかについて論じることはできない。

『私たちが聴いたあの曲は、高い調子のものだった』。

けだし、テニスンの思想は彼の詩の論争的な部分のうちにはあまり生かされていない。むしろ、彼が神話やティトノスの伝説[25]に聖杯といったものを用いて、世界についての自分なりの解釈を伝えようとする部分の方にもっとよく生かされている。二種類の思想の相違は非常に大きく、より高貴なのは言説ではなくヴィジョンの方である。ヴィジョンは議論を必要としない。それは一度感知（apprehend）されるだけで十分で、もはや言葉は必要ない。必要なのはせいぜい『聖杯』[26]に登場するボアズ氏の言葉ぐらいである。

『私に問うな。私はそのことを話す必要がないからだ。私は見たのだ』。

そして再びケア氏は、次のように述べています。

「ワーズワースは知識にかけては、この世界のどんな思想家よりも卓越している。その知識は彼自身の生活の欠くことのできない部分になっており、現実にあまりにも肉迫しているので、彼自身の言葉以外のいかなる言葉をもってしても言い表わすことができない。どんなものも、その言葉にとってかわることはできない。アナマやパルパルはイスラエルの水の代わりにはならない。(27) ワーズワースによく似た諸々の理論がこれまで言い表わされてきたのは、散文においてであったし、時折は『宇宙的な意識』、『無限なものと調和して』といった誇大広告によく適合した言い回しにおいてであった。その限りでは、どのような詩的な言い方をもせず、自分たちがいわんとするところを適切に表現する言語を持ちあわせないような人々は、あたかもワーズワースの知識を部分的に共有しているかのようである。ワーズワース自身は彼の未完の哲学的な詩において、彼がヴィジョンの形で知り得たことを論証しようとした。しかし、ヴィジョンにおいてしか知り得ないことが他の人々に伝えられうるのは、論理以外のやり方、すなわち詩の言葉を通じてでしかない。この点では、詩は音楽に最も近く散文から最も遠い。だからといって、ワーズワースの知識がたんなる感情にすぎないと言いたいのではない。論じ説明する知性とは異なったものだと言いたいのである」。

このように述べられた詩の真理と科学的な命題の真理との間にどういう共通点があるかと問われるならば、私たちは詩も科学的命題も、それらが適切に理解されるならば、それら自身を超えたところを照らし、現実を正しく把握するのに役立つと答えることができます。それらが、自らを超えたところに私たちの注意を向け、自らとは異なる何かについて私たちに語りかけるものであることを私たちが考慮しないなら、真理だとか虚偽だとかいったところで何も始まりません。それらが個々に持つ意味が理解されるならば、そのことによって個々の現実とは異なるものを私たちが理解するのに役立つか、それとも妨げになるかが問題になります。そのとき、詩や科学的命題の真偽が問われることになるのです。

科学的な命題の真理と詩の真理との間にはっきりとした数々の相違があることは疑う余地のないことです。科学的な命題は詩のもつことのできない一定の正確な意味を持っています。科学的な命題が適切に把握されるということは、これこれの状況下でこれこれのことが観察され、それらが含む意味がはっきりと実験によって吟味されうるという意味を持っています。科学的な命題は、いわゆる標準化された理解を含んでいて――私たちはその意図を正確に指摘することができますが――その命題はそれが真理であるかどうかを吟味するために、標準化され正確に示された観察を必要とします。詩人の表現したいことが理解されるのは、自分自身のうちにその詩人の経験を再現することができる場合に限られ、そうした経験は私たちが標準化できるようなものではありません。詩は現実にある孤立した個々の諸要素に対して、一定の正確な関連づけを与えることは決してありません。科学的な命題が光の束を現実に向けるものだとすると、詩はむしろ拡散した光を放ちます。詩が意味をもつという場合、個々の詩から離れたところでその詩がどういう意味をもつのかを言うことはできません。

詩が私たちに現実への洞察力を与え、現実の上に光を放つことができるという私たちの主張が認められたとしても、それでもなお次のようなことを強調する人々がいます。彼らは、私たちが主張したことと、科学的な命題における真理との間の相違は、あまりにも大きく、双方とも真理だと言っても何の意味もない、真理という言葉は、科学的命題のためにとっておかれるべきであって、詩から得られることについては洞察力とか光を放つとかいう言葉を用いるべきなのだと言うのです。しかし、日常の言葉の使い方からいえば、彼らのこういう言い回しの方がずっとおかしいのです。真理という言葉を歴史との関連において用いる場合には、また異なった意味合いがありますが、この意味合いを検討してみると今私が述べたことがよくわかります。

詩の中に現われる命題と違い、歴史の中に現われる命題は、それが事実であることを必要とします。事実に忠実であること、事実のために細心の注意を払うことは歴史家の仕事です。彼のいくつかの命題が真実であることは、科学者の真理のように実験によって検証することはできません。しかし、彼の命題のもっている意味合いは、科学者の命題とほとんど変わらないのです。つまり、もしかくかくしかじかの時代や場所で生きていたとするならば、かくかくしかじかのことを見聞きしたに違いないということです。しかし、歴史家の課題は諸々の事実の正確な蒐集で終わる訳ではありません。誰もが知っているように、歴史は事実の正確な陳述以外のものを含まないのですが、にもかかわらず、全体としてみればそれは人を欺き虚偽ともなりうるのです。一九二一年の春に「アイルランドに関する真実」と書かれた二つの新聞のポスターをみたことを私は覚えています。それぞれの新聞に述べられた諸事実はおそらくそれ自体は正しかったのですが、相異なる一連の事実を「アイルランドに関する真実」であると主張し合ったために、二つの新聞の間に矛盾が生じたのです。一方を読むと、アイルランドはシン・フェイン党[28]が犯した暴虐以外は何も起こらないところだという印象を人は持ったことでしょう。他方を読むと、アイルランドは英国警備隊（Black-and-Tans）が犯した暴虐以外には、特に何も起こらないところだという印象を持ったことでしょう。シン・フェイン党と英国警備隊は暴虐を犯していました。当時のアイルランドに関する真実を説明するとすれば、これら双方の事実及びもっとはるかに多くの事実を考慮しなければならなかったことでしょう。重要な問題は、諸々の事実にどのような意義や価値を与えるべきかということだったのです。

誰もが知っているように、歴史家たちは彼が得た諸々の事実から真実を選びとらなければなりません。しかし、人々は時折、こうした取捨選択をしなければならないということが人間の弱さの徴であること、また自分たちの理想はあらゆる事実を集め、シルヴィーとブルーノ[29]が自分の国と同じ規模の地図を作ろうとしたように、歴史をつくることにあるのだと考えるのです。こうした考え方をすると、一〇〇一の事実を含む年の歴史は、一〇〇〇の事実しか含まない歴史よりも真実であるということになりますが、それはナンセンスです。歴史が可能であるのは、意味のある命題が存在するだけでなく、意味のある事実が存在するからなのです。諸々の事実の中には、現実のまだ解明されていない部分についてより多く物語っている事実があります。そして歴史家が関心をもつのは、こうした事実であり、またこうした事実をどのように相対的に評価するかという点です。しかしもしあなたが、歴史家の関心をもつ事実は何にとって意味があるのかと問うならば、彼が理解し叙述しようと試みる現実、少なくともその時代にとって意味があるというのが唯一の答えなのです。そのような意味があるかどうかを正確に検証する方法はありません。歴史家のもつ詳細な事実は、考古学的な記録や文書による記録という形で存在しているからです。

歴史家が諸々の事実にどれほど忠実に迫っているかどうか、それと共に、私たちがその時代を理解する手引きを彼がどれほどしてくれるか、私たちにその時代をどれほどわかりやすいものにしてくれるかということが、彼の仕事の試金石となります。彼の説明が後に発見された諸事実と矛盾することが決してないというだけでは不十分です。彼が出来事の真の意味をそれらのもつ価値とともに説き明かすこと――そうして彼がどういう価値基準をもっているかを理解し評価できれば、私たちは彼の助けを借りて現実をもっとわかりやすく理解できるのですが――だけでも十分ではありません。もし彼がなさなければならないのが前者のことだけだとすると、彼の仕事は純粋に科学的なものとなることでしょう。また、後者のことだけだとすると、純粋に芸術的なものとなるでしょう。彼はどうにかしてどちらをもやろうとします。彼の仕事の最初の部分は、科学的な諸事実を評価する場合と同じ種類の標準化された概念を含みます。第二の部分には、同じ種類の霊的な洞察が含まれており、それは詩を評価する場合のように、標準化することができません。

私たちは、現実をよく理解できるようになるための様々な方法とそれらに伴う様々な種類の真理をこうして吟味してきましたが、さらに続けましょう。指摘しておきますが、実験によって検証されうる科学的事実をたんに集めただけでは、科学とはいえません。科学といえども、標準化されない評価を行うこともありますし、現実をわかりやすくするために標準化されえない検証を行うこともあるのです。哲学的な真理や形而上学的な真理の性格とは何かという困難な問題も考慮しておくべきなのかもしれません。しかし、宗教は真理であるという主張について的を射た議論をするために何を確証すればよいのか、ということについては、もう十分明らかになったはずです。つまり、私たちが確証したのは、真理というのは一般的で類的な性格をもっているということ——あることが真理であるといえるのは、そのあることを超えた何かに光が投じられ、現実が理解可能なものとされることなのですが、——しかも、真理のこの性格は相異なる種をもつ真理に共通した類的な性格だということです。

しかし、宗教的経験によって与えられる真理の特定の形態を吟味することを続ける前に、私たちには科学的、詩的それに歴史的真理を吟味することから学んだ一つの教訓があります。それはいまだ注目されていませんが、よく心に留めておくべきでしょう。私たちは時々、科学が実験室や教科書の中に、歴史が歴史家の印刷された書物の中に、詩が印刷された個々の詩の中にあるかのように語ります。しかし、それらはただ科学者や歴史家や詩人や他の人々の心の中にあるのです。それが可能となるのは、少なくとも自分自身で、あるいはより偉大でより特別な才能を持った人々の助けによって、彼らが科学者となり、歴史家となり、詩人となることができる限りにおいてです。標本、テキスト、印刷された言葉そして音符も、それ自体としては死んだものです。それらはある生ける経験の産物にすぎません。それらが意味を持つのは、ただそれらを通して私たちが自分自身のうちにその生ける経験を再び創りだすことができるからなのであって、その限りにおいてなのです。私たちがこの点において誤るのは、すでに見てきたようにいわゆる科学的な事実の把握の仕方がかなり標準化されていて、普通に教養ある人々にとっては、その大部分の事実をほとんど努力もなしに理解できるからなのです。私たちはそのような標準化された理解を生み出すために、いかに多くのことが実際なされてきたかを忘れ、科学的真理があたかも科学者によって作られてからいわば自然に広まっていったかのように考えています。そして詩や歴史によって与えられるような種類の真理に達するためには、自分自身を休ませ英気を養って活気づけるという特別な努力を必要とするのですが、その場合私たちはそのことに気をとられるあまり、詩や歴史がすでに標準化されていることを忘れています。つまり、ありのままの事実に関する標準化された理解がすでにあって、それ以外の理解の仕方は事実を発明することに等しく、事実を偽ることになるかのように一般にはみなされてしまうのです。そして、それら以外の経験によっても真理に達することは可能だという主張がなされるのですが、もしもその主張どおりにやってみようとする場合には、その主張は標準化された方法で検証されるべきであると考えられがちです。「二階の奥にはまだ客間があった。そしてその家の裏にはまだ客の一団がいた。私の言葉通りに」と、フローラは『リトル・ドリット』[30]において言います。そして私たちも皆時折そう考えます。疑う余地のないことですが、もし真理を発見するのに発明したり構成したりする必要はまったくないとすると、私たちは確かに過ちや幻想に陥ることを避けることになるはずです。しかし私たちが過ちや幻想に陥る可能性を避けることができるのは、真理の可能性を放棄することによってでしかないのです。私たちが、自分たちの外側にある無限の現実の豊かさと複雑さをいくぶんなりとも理解するためには、謙遜さと開かれた心が必要となります。それらは黙って何もしないでいることによって身につくものではありません。それらは熱心で規律ある活動を必要とし、私たちをそうした活動へと導くのです。それでは、真理の性格及び真理の様々な種類についての一般的な考察は心に留めておくことにして、宗教的経験が真理に達するための手段であるという主張をより入念に検討することにしましょう。そのような主張を検討するために最初に必要なことは、私たちが宗教的経験の性格を内在的に理解し論ずることでなければなりません。ですから、何にもまして私たちの目的に役立つのは、偉大な宗教的経験の古典的叙述を考察することでしょう。私は、人間の宗教的経験についてのヨブ記の説明を検討することを提案します。できうる限り、ヨブが経験したことを想像力を働かせて理解するように努め、彼が直面した問題と、彼がそれらを解決するに至った方法をたどらなければなりません。私たちは特に、宗教的経験は知識を与えるという主張に関心を抱いているので、一九章におけるあの有名なくだりを私たちのテキストとして考えることにしましょう。そこでヨブは、彼の困難のまさにただ中にあって突如、確信の第一声を発するのです。

II

「私は知っている。私をあがなう方が生きておられることを」(ヨブ記一九章二五節)。

ヨブ記に関する現代の聖書注解を読むならば、正統的な教義や感情を示している多くの箇所は、──それらは、旧約聖書の中で最も率直で恐れを知らないヨブ記において、奇妙にも際立っていますが──誤った翻訳であることがわかります。特に一九章のこのテキストに続く有名なくだりは、栄光に輝く復活の確固として揺るがない希望を指し示し、その復活においては、死よりもさらに悪いすべての災いや死が勝利に飲み込まれてしまうと解釈されていますが、それは誤った翻訳でありそのうちに事態は回復されるであろうというたんなる確信を表明する言葉に変えられるべきです。このように変えることとは、ある人々にとっては、一見して受け入れがたいものですが、それは確かに正しいのです。ヨブあるいはヨブ記の著者の苦しみは、キリスト教の教理がいくら奇跡を予見したとしても、それでもって癒される性質のものではないのです。私たちを救ってくれる真理と同様に、彼を救ってくれる真理は、彼自身及び彼自身の経験から生まれなければならず、今ここにある真理でなければなりませんでした。

このくだりの中で、いかなる注釈者といえども無視したり、軽視したりしようとはしなかったことが一つあります。それは、ヨブの最も暗澹たる困惑と苦悩の中から揺るがない確信が生まれたということでした。突然彼の足が底に触れました。彼は岩の上にいます。彼は「私は知っている」ということができます。「私は神を見る。この方を私は自分自身で見る。私の目がこれを見る。ほかの者の目ではない」（一九章二六―二七節）。ヨブの確信の理由が欽定訳聖書が私たちに与えるようなものではないことは問題ではありません。またこの確信の宣言の中には実際いかなる《理由》も示されてはいないこと、そしてこの書が神秘さと不可解さが入り混じった状態で終わっていることも問題ではないのです。彼が発見したものは、哀れな慰め、物乞に与えられるような慰めであり、非常に落ちぶれた福音のように、私たちには見えるでしょうが、彼はそれを固く保っているのです。それは彼自身のものなのです。それは憶測や推測や仮説ではなく、また彼が思い切って提案しようとするものではなく、証拠が指摘するものでもありません。それは彼が知っているものなのです。

明らかに、宗教の中には保存するにふさわしいものが存在します。私たちは皆、キリスト教の真理を擁護するいくつかの議論に馴染みがあります。キリスト教の真理はまったく不可能であるというわけではないとか、証拠を比較考量した場合にはいくぶんキリスト教の真理に有利であるとか、キリスト教の真理は科学で通用している多くのことほど非合理的でないとかいうものです。この種の護教論の結論はこれまで、人生と格闘している人の慰めとなったでしょうか？　あるいは、彼の時代と世代への奉仕に全力を尽くすほどに誰かの心を燃え立たせたでしょうか？　年老いた私の先生が語ったことを思い出しますが、天の御国に入ることは散歩に出かけるようなものではありません。もしそうならば、あいまいな方向づけや予想でも十分良いことになるでしょう。しかし「天の御国は、激しく攻められています。そして激しく攻める者たちがそれを奪い取っています」（マタイの福音書一一章一二節）。私たちの宗教が、私たちを取り巻くあらゆる悲惨や悪の真只中にあって足を降ろすことができるような堅固な岩であることを証明するつもりがなければ、いっそのことその宗教を放棄し、それを始末してしまった方がよいでしょう。

もし私たちがこうした確信をもつ必要があるとするならば、あるいはそれを知ることだけが私たちにとって有益であるとするならば、どうすればその確信を得ることができるのでしょうか？　もし私たちがいかにしてヨブが先のことを知るに至ったかを考慮するならば、その問いに幾分なりとも答えることになるでしょう。私たちにとって必要不可欠なこの確信をヨブは自分のものとしていましたが、それは自分の疑問や問題に対する知的解答を発見したからではなかったのです。この書の最後において劇的な形で問題が解決されるのを、つまり、三八章が神のヨブへのすばらしい語りかけで始まっているのを、私たちは受け入れることができます。そのことは疑う余地がありません。しかしもしあなたがヨブの問題はこの世界に付随する抽象的にして知的な困難なのだと言うとすれば、神の善といわれのない苦しみはなにゆえに両立するのでしょうか？　最後の章はその問題に対していかなる知的な解答をも与えていないのです。

自分の目の前で悪が勝利するのを見ることがあります。それにもかかわらず、世界が非常に神秘的ですばらしいという純粋な主張があります。その主張が私たちに示唆するのは、たとえ理解できなくとも、私たちの問題に対する解答はおそらくあるのだということでしょう。それはそれなりに重要なことなのですが、しかしそれだけでは十分でありません。そしてまったく確かなことに、ヨブ記の結末にある教訓は、その問題の答えを知ることは私たちにはできないとか、だから問うべきではないとかいうことを教えているのでは決してないのです。実際、ヨブを慰めに来た友人の一人は、そのような忠告をヨブに与え、そのためにヨブから非難されています。ヨブ記の記者は、ヨブの執拗な疑いが誤りであったとは考えていません。もしそうなら、彼は決してこの書の初めの部分にあるヨブの情け容赦のない問いかけを記すことができなかったでしょう。「神が私を殺しても、私は神を待ち望み、なおも私の道を神の前に主張しよう」（ヨブ記一三章一五節）と語ることはいかにもずうずうしいことです。しかしここで記者はむしろ、うわべだけで神を擁護している人々の方を非難しているのです。

私は、ヨブ記の結末を読む人は誰しも、ヨブ記の記者は彼の問題に対して解答を発見したのだと感じとることができると思います。たとえ神のヨブへの語りかけが、答えというよりは、答えがすでに発見されているという事実を証しするものであるとしてもです。ともかくもヨブは、あの苦渋にみちた問いかけから解放され、確かな場所へと導かれたのです。そこでは驚異と神秘に満ちた自然の世界は、苦しみを与える恐るべき地獄ではなく、彼の心を強め、支える神秘的な世界となったのです。ヨブないしヨブ記の著者はこのことが彼に起こったと私たちに語っています。しかし彼らによれば、そのこと自体は、起こったことの本質を説明してはいないのです。私がテキストに選んだくだりは勝利の確信の調べを伝えています。そして、そのくだりが知的解決を装った箇所よりずっと前におかれていること、またヨブの苦しみのまさに半ば頃から、あのテーマの最初の調べを聞くことができるのは決して偶然ではないのです。そのテーマは、最後の章で非常にすばらしく展開され、「私はあなたのうわさを耳で聞いていました。しかし今、この目であなたを見ました」(ヨブ記四二章五節)というヨブの言葉で終わっています。キリスト者の重荷が取り除かれてからベウラ(幸福)の土地へと至る間に、アポリュオンと死の影の谷との戦いがやってきたのです[31]。

それではヨブはいかにしてこの確信を得たのでしょうか?

初めの章は、ヨブが二つの誘惑にさらされていることを示しています。いのちと真理を探求する際に、誰もが誘惑にさらされます。その誘惑とはまず利己的になることです。つまり自分自身の救いのためには何でも得ようとするが、自分以外の世界は悪が支配するがままに放置してしまおうという誘惑です。もう一つの誘惑とは、自分を欺き、不正直になる誘惑です。つまり物事がうまくいっていないと自分ではわかっているのにうまくいっていると言い、自分では偽りであるとわかっていることを敢えて信じるという類の信仰を受け入れてしまうことなのです。

ヨブが最初に彼の悲惨さをぶちまけるときに、彼は神を呪って死に、世界を悪に委ねよと誘惑されています。そしてもし私たちが世界の悲惨さに悩んでいるなら、いっそのことその悲惨さに意識的に耳を閉ざしてしまえば、疑う余地なくなにがしかの平安を得ることができます。耳を長い間閉ざしさえすれば、私たちは聞くことをやめ、霊的な死という代償を払って、平安を得るのです。

ヨブはそのような誘惑から自らを引き離します。その結果彼の苦しみはただ彼自身だけの苦しみではなくなるのです。彼の現在の不満は、自分が苦しんでいること自体にあるのではありません。自分に罪がないということが彼の苦しみなのです。もはや苦しみはたんにヨブ個人の苦しみに留まらず、全世界の苦しみでもあるのです。そして、苦しみは個人を超えたものだという彼の思いが、自分個人に関するどのような思いをも圧倒するので、自分がどういうわけにせよ刑罰に値すると感じることは、かえって彼の救いとなるくらいです。もし彼がこのような犠牲を払うことによってのみ、神が悪ではないと考えることができるならば、彼はたんに苦しんでいるだけではなく、悪そのものを苦しんでいるのです。そしてそのように考えてくるにつれて、正反対の誘惑、つまり自分を欺き、自分ではわかっていながら事実を偽ろうとする誘惑が生まれてきます。それは彼自身が知っている不幸から目をそらし、自分の外にあるのは公正な世界なのだと考え、自分には悪であるということがわかっているにもかかわらず、それは実は正しいのだと、卑屈にも言おうとする誘惑なのです。もし神は善であるという思想を安んじて信じることができるならば、彼は自分の悲惨さは耐えることができると思うのです。すべてのものは最善になるはずであるにもかかわらず、何事にも異を唱えようとする自分の心がずうずうしくも自分を欺くのだと彼は考えているのです。彼の友人たちは、権威と伝統の名において彼に忠告しています。ヨブよ、君は数々の時代を通じて集められたすべての経験に基づく知恵に逆らってまで、自分の立場を主張することができるほど自分の知恵に自信があるのかと。彼らはこのような重みのある考察によって彼を説得しようとします。ヨブの友人たちは決して無学ではなかったのです。しかし、ヨブは、自分自身を偽ってまで、彼に示された慰めを受け入れることはできませんでした。そして彼は抵抗します。

私たちは人生の難局に直面して当惑します。そしてこの当惑から逃避しようというこの第二の方法は、第一の方法が利己的な人間の誘惑であるとするならば、非利己的な人間の誘惑なのです。そしてそれは多くの権威ある人々によって支持されています。彼らはあなたにこう言うでしょう。ヨブは諸々の困難や当惑に苦しんでいるが、そうなる理由は彼が考えたり疑ったりするから、また、答えられない問いを軽率にも発するからなのであってそれ以外ではないと。このたぐいの病気を直す方法は簡単で、考えたり疑ったりすることをやめて、目上の人々やすぐれた人々の権威に服すればよいのだと。というのも、彼らが明らかに私たちよりすぐれている理由は、彼らが私たちのように悩んだりしていないし、またこれまでも決して悩んでこなかったからなのだと。ヨブに与えられたにもかかわらず、ヨブが拒否した逃避の方法を、多くの人々は受け入れています。そうすることによって彼らは平安を得、その平安をもって、日常の生活の諸々の必要に取り組むための確かな力を得ているのです。

しかしこの平安には相当な犠牲が伴います。ヨブの友人たちは彼を刺激しないように十分に注意して話し始めています。しかし彼らはしばらくして、何の証拠もなく、ヨブの子供たちとヨブ自身の罪を訴えて神を弁護すべく駆り立てられるのです。すべて人間の苦しみはその人の罪に由来するという教えは、必然的に、不幸な者は同時に悪い者であるという教えに転じます。いわば、人々は人間の中にいる神を非難することによって、神を正当化するのです。たとえば、貧しい人々はすべて思慮に欠け怠惰であると言うことによって、彼らの時代の社会制度が正当化されました。この教えは、彼らの疑いを鎮め、彼らが負うべき社会的責任を単純にするのに都合がよいのです。ヨブを慰める友人たちの精神的子孫ともいうべきパリサイ人は、生まれながらの盲人をまったく罪の中に生まれた者として追放します。そして神に裁かれて当然だと彼らが思う人々を、イエスが癒すことによって彼らの自己満足をかき乱した時、彼らはイエスがベルゼブルによって悪霊を追放したという理由で彼を非難したのです。イエスの答えは、彼らは聖霊に対する冒瀆という許されることのない唯一の罪を犯しているというものでした。

宗教が度々人々にそう仕向けてきたように、神をより容易に信じるという口実の下に、人々が自分の心の中にある善と悪の知識を覆い隠すとすれば、彼らは神に敬意を払う必要はないと考えているのです。そうなるとまもなく彼らは、自分の仲間についても敬意を払う必要はないと考えることでしょう。迷信には残忍さが伴います。ヨブは世界の中でまったく孤立していると感じる犠牲を払ってしか、抵抗を続けることができなかったとしても、自分からこの二つの誘惑をしりぞけます。「いま知れ。神が私を迷わせ、神の網で私を取り囲まれたことを。見よ。私がこれは暴虐だと叫んでも、答えはなく、助けを求めて叫んでも、それは正されない。神が私の道をふさがれたので、私は過ぎ行くことができない。私の通り道にやみを置いておられる」（ヨブ記一九章六―八節）。彼の拒絶と絶望は、彼が利己的にならず自分の心に忠実であるあまり、これらの誘惑に屈することを拒んだことの代償であるようにみえます。しかし、この拒絶と絶望の真っ只中から、突如として自分が一人ではないという確信が生じ、「私は知っている。私をあがなう方は生きておられる」と言うことができるのです。彼は、自分の内側に何かを見いだしたのです。それは、内に閉じこもっている自分自身を外へ引っ張り出してくれるもの、隣人に対する非常に広くて深い共感と理解を与えてくれるもの、そして三一章における偉大な語りかけに見られる深遠な道徳的洞察力とやさしさにおいて絶頂に達するものでした。彼は、自分の中にある光に従うにつれて、自分自身を配慮するのと同じように他人をも配慮するようになり、自分が見ている現実からあくまでも目を離そうとしなくなりました。こうしてたどりついたところにおいて、彼は、自分を導いているものが、自分自身の想像、希望ないし熱望を超えたもの、時間を超えた永遠のものであることがわかるのです。また、この経験を通して、隣人たちに対して、さらには自然のすべてのすばらしく神秘的な力に対しても一種の親近感が芽生えてきました。そして最後に彼は「私はあなたのうわさを耳で聞いていました。しかし今この目であなたを見ました」（ヨブ記四一章五節）。ということができたのです。彼は、学んだことをただ遠回しにしか表現できません。というのもそれは経験においてしか知られないからです。エックハルト[32]は、「私たちは実際には神について語ることができない。私たちが神について語るとき、私は口ごもるしかない」と言っています。しかしヨブが確信をもってその経験に到達したことは十分に明らかです。

では、ヨブ記の中に描かれたこの宗教的経験がいかなる意味をもつのかを考慮してみましょう。ヨブ記の記者は明らかに普通に知的で正直であるという以上の人物でしたし、知的で哲学的な困難に対して並々ならぬ関心を持っている人物でした。そのことはおそらく、私たちが考慮している問題をそれだけ一層興味深いものにしています。ヨブ記の記者が嘘を言っているとは誰も思いません。また自分の企図に適合させるために事実や論拠をでっちあげていると思う人もいないでしょう。真理に至る方法としての宗教的経験もしくは信仰は、抽象的な思考や事実に即した観察から切り離されてとらえられることがしばしばあります。あることが真であってほしいと願うからこそ、私たちが勝手にそう信じるだけのことなのだというわけです。しかし、ヨブ記の中に描かれている経験の主要な特徴は、内なる欲望の求めるところに屈することを拒否する厳しい知的誠実さです。

にもかかわらず、ヨブが神のあがないを確信し信じるに至るとき、彼は知的な解答を発見していなかったのです。宗教的信念と確信は意志から生まれ、誘惑に対する抵抗からうまれるものとして描かれます。しかしヨブの確信がそこから生まれるものとして描かれている意志は訓練された意志です。ヨブが神から確信を得たのは、内なる欲望がじかに求めるところに屈することを自ら拒否したから、また自分が陥っている困難は個人的問題ではなく道徳的問題だとみなしたから、また自分が見ている事実に自分の思いを従わせ、自分の思いに従って事実をつくりあげることを拒否したからです。彼がそのような態度をとれたということは、彼が真理に到達しえたことをある程度まで示すものです。知識を獲得するに際して、私たちの能力を訓練することは道徳的課題です。私たちは皆、訓練された意志が、何らかの形で生や現実について深く知ろうとする者にとって、実際いかに重要であるかを認識していいます。ある人は知識の点で賢くても、道徳的には愚かな者であるかもしれません。道徳的な原因に由来する分別の無さや愚かさがあります。ただ道徳的な正しさだけが与えることのできる知恵と洞察力があります。意志が宗教的真理に必要なので、意志が欲するものは何でも真理になると思うのはまったく愚かなことです。宗教を論じたすべての偉大な人々が共通して言うのに、宗教的確信と認識に達する唯一の手段は、意志の訓練、つまりたんなる個人的な欲求を放棄し、謙遜になり、神の意志を受け入れることを学ぶことなのです。エックハルトは、「さらに私は言う。もし魂が神を知ろうとするならば、己れを忘れ、己れを失わなければならない。というのも、魂が己れを尊び、己れを認めている限り、それは神を尊び、神を認めていないのである。もし神のために魂が己れを失い、すべてを捨てるならば、それは再び己れを神の中に見いだすのである」と述べています。ヨブの確信は、初めは直接的な経験という形で得られ、後の経験によって強められ確かなものとされます。彼の確信に対する最終的な保証は何でしょうか。それは、彼の確信が合理的で訓練された源から、すなわち諸問題を普遍化し、事実に忠実な知性から生まれるということにあるのではありません。むしろ、彼の確信によって、ますます広範な経験が最終的に理解可能なものになることが大事なのです。宗教的経験は直接的で個人的な経験にすぎず、そのような確信に対してはいかなる客観性の保証もありえないとしばしば言われます。個人的な直観はたえず変化し、相互に矛盾し、その程度のものだと。私たちは皆、人々が、芸術においてであれ行動や宗教においてであれ、そうした誤りに陥りやすいことを知っています。彼らは直接的な確信を得ているという自覚だけに頼り、あたかもそうした自覚を霊感による誤ることのない保証であるかのように誤解してしまうのです。知識が現実に進歩する際にはどんな場合でも、想像力とか直観とか閃きとかは不可欠のものです。しかし、それらは十分に試される必要があります。私は、二＋二＝四と同じように、確かに『ハムレット』が素晴らしい戯曲であることを知っています。『ハムレット』を読んだときに味わった個人的な美的経験がなければ、そのような知識を持つことができなかったでしょう。しかし、私には自分自身の経験において、また他の人々の確信を伴った個人的経験に関して、認めなければならないことがあります。それは、そうした確信が後にそこはかとなく消え失せてしまうということなのです。私たちの美的な判断力に永続的で現実的な確実性を付与するのは、私たちがいくつかの芸術作品に繰り返し立ち戻るときに、それらがそれ自体の真価を示し続け、次第次第にそれらの意義を明らかにするようにみえる時です。同じことが宗教的経験についても言えます。宗教的経験がいかに直接的で個人的であれ、最初の確信の経験から「私は私が信じてきた方を知っている」というパウロの言葉の中に表現されている心の状態に至る間には長い道のりがあります。最初の直接的な経験は、それを人生に生かすことができるのかどうか、私たちが学ぶ他のものとの矛盾がないかどうか、数々の偉大な科学的発見のきっかけをなしたところのあの偉大な直観と同様に、それが現実を理解可能なものにするかどうかという点において、その真価を問われることになります。

ヨブ記の中に描かれたような宗教的確信は知的議論によって得ることができるものではありません。しかし、知的基準が適切な場合には、それに忠実であることは宗教的経験の質を高めます。また、知的基準に不忠実であることは宗教的経験の質を低め、堕落させます。この真理を私たちは忘れがちですが、忘れると致命的な結果を招くことになります。科学は宗教的真理を示すことはできないのだから、思考が宗教と関わりをもつときには自分は好んで非科学的になることができると、私たちは考えてしまうのです。

様々の知識の形態がいかに相互に異なっているとしても、その中のどれか一つが不正確であったり、ずさんであったりすると、他の知識の形態にも影響することになります。神を見る人は心が清くても頭が賢い、とは限りません。しかし心が清いことは、人からだまされたり、不注意であることと両立しうると時々考えられていますが、実際には違います。自然現象について科学的に正確な説明をするのは詩人の仕事ではありません。詩人は自分の詩の効果を高めるためなら、精神現象をではなく、自然現象を意図的に誇張することさえするかもしれません。しかしだからといって、自然現象についての詩人の説明が誤っているということにはならないでしょう。彼の説明は、科学者を支配する規準とは同じではないとはいえ、実際にある一定の規準に依拠しているのです。私たちは皆、科学であれ、芸術であれ、宗教であれ、自分がもともと関心を持っていない領域に入る時には、知性を働かせないでおく傾向があります。しかしもし私たちがそのことに気付いていないとすれば、あるいはもし私たちがいつもそうしているために、他の領域に対する態度が習慣的に注意を欠くものとなっているとすれば、私たちは自分が本来関心をもっている領域においてその代償を払うことになります。私たちが真の知に達しうるのは、異なった領域にはそれぞれ異なった基準があることを認め、それらの基準すべてに誠意をもってのぞむ場合に限られているのです。

III

ヨブ記には、私たちがまだ検討していない宗教的経験のもう一つの特徴があります。その経験が知識であると主張されるならば、その知識の内容は非常に取るに足らないようにみえます。これまで考察してきた章やそれに続く各章にのべられている教えは、神についての知識よりはむしろ神への信頼を表明しています。にもかかわらず現代の学問は、ヨブ記の教えが世界は公正であるという一般的な信念に還元できるとこれまでみなしてきました。あるいは、悪と苦悩の「薄暗いベール」が「栄光ある実体に変わる」という保証に還元してきたということもできます。しかしヨブ記の教えは、神についての知識ではなく、神に対する信頼を表明しているのです。ヨブの経験はさらに、三一章の高潔な道徳的基準のうちに、また、自然の神秘的な諸力の背後に彼が信頼している神がいるという確信のうちに表明されています。もし私たちがそのような信仰告白を、キリスト教会のよく知られた教理書と比較するならば、これらの教理書は、神の本質と属性について述べたすべての点において、ヨブの飾ることのない素朴な確信からかけ離れていると感じるのではないでしょうか？　ヨブの確信は神についての知識とみなしてよいのだということを私たちがすでに証明したのだとすれば、そのことはキリスト教の教理書が真理であるということに関連するのでしょうか？　ヨブ記の検討から得られた教訓は、神についての知識は他人に伝えることができないという神秘主義者たちが正しいということになるのでしょうか？　彼らによると、神についての知識は他の諸々の事柄に光を当て、それらを解明するものであって、その知識が正しいかどうかは、道徳的霊感によって、さらにそこから生まれる自然理解によって明らかにされるというのです。また、「しかし今私の目はあなたを見る」という一節に表現されているヨブの確信にもかかわらず、神についての知識はそれ自体言葉では言い表わしがたく、多様性をもち複雑で入り組んだ現象的世界からは遠く隔たっているというべきではないでしょうか？　だとすると、細部にわたって入念に仕上げられた諸々の信仰箇条や神学的な教理書は無用のがらくたであるということではないでしょうか？

さらに宗教的真理が詩的真理と類似しているということは、宗教的経験がその本質において個人的なものであることを示唆したのではないでしょうか？

詩を詩とみなさなければ、詩のもつ真理についての判断は始められません。詩を詩とみなすというのは、詩によって表現される詩的経験をあなたがあなた自身の内側に再創造しなければならないということ、そのような経験及びそれと類似した経験のうちにしか詩は存在しえないということです。ですから、私たちがこれまで擁護してきたような宗教の真理は宗教的経験の真理なのです。というのも、そのような経験によって、そしてそのような経験によってのみ、現実をよりよく理解するための光があてられるからです。それは、その経験から演繹され再現され得るような哲学的、歴史的命題の真理ではありません。したがって、信仰箇条や神学の真理でもないのです。

それでは、宗教的経験は、普遍的な規準として用いられ、教会の成員なら誰もが信じるように求められているところの、信仰箇条や神学的教義とはどういう関係にあるのでしょうか？

人間の心や精神が何度も何度も信仰箇条に深く関わるべく駆り立てられ、何世紀にもわたって信仰箇条は生き続けてきたということに目を止めましょう。それでいて、信仰箇条が人間の宗教的生活において何の意味も持たず、何ら承認されていないことが判明するとは、何と奇妙なことでしょうか。しかし、信仰箇条の真の用い方と真の意義は、これまでしばしば覆い隠されてきたというのが実際のところです。それを覆い隠してきたのは、その信仰箇条に対してなされたあまりにも過大で熱狂的な要求でした。そうした要求がなされてきたために、人々を信仰に導く手助けであった信仰箇条は、しばしば逆に、人々を信仰から排除する道具になってしまったのです。

否定されることはありませんが、しばしば忘れられていることがあります。諸々の信仰箇条は、ペテロの「あなたは生ける神の御子キリストです」（マタイの福音書一六章一六節）といった信仰告白やヨブ記のような信仰告白をもとに作られていますが、そうした信仰告白とはどこかかけ離れたところがあります。つまり、信仰箇条の方が一層体系的で標準化されているということです。信仰箇条のうちには、強烈な個人的経験の記録があるのでもなければ、人間の経験が想像力をもって述べられているわけでもありません。むしろ、多くのそのような経験の記録に見られる中心的で標準的な傾向を抽象的に要約したものが表明されているのです。信仰箇条というものは、個々のキリスト者のもつ精神ではなく、いわば教会の精神を表現しようとする試みであると言ってよいでしょう。しかし、他の共同体の「精神」と同様に「教会の精神」は、その全成員の精神が共同体の精神によって満たされている限りにおいて、教会の全成員の精神でもあるのです。そして「教会の精神」が正しく表現されうるのは、その成員たちを通して以外にはなく、しかも彼らが共有しているものと同様に、彼らの相違点を通して以外にはないのです。教会の精神をもち、キリストの生と死のまったき意義を言い表わすためには、キリスト者同士が持っている個人的経験についてのあらゆる相違を考慮する必要がありまます。したがって「教会の精神」は、一個人の経験の場合のように一言では言い表わせないのです。そして信仰箇条や教理集は、ヨブやペテロの信仰告白といった個々の信者の信仰告白が個人の経験にこだわるようには、「教会の精神」にこだわることができないのです。信仰箇条にある「私は信じる」から、私たちは皆ある一つの模範的な表現方法をとるべきであるという示唆を読み取ることは誤りです。たとえ私たちが「私は信じる」を「私たちは信じる」に取り替えたとしても、私たちは依然として覚えておかなければならないでしょう。つまりその後に続く内容は、数えきれない個人の精神や経験から生み出されてきたものであり、彼らのいう「私は信じる」に必ず戻ることになるということを。しかし、信仰箇条における歴史的要素についてはどうかと問われるかもしれません。諸々の歴史的事実が人間の救いと関連があり、真の宗教的経験はすべてその事実の上に成り立っているということを、信仰箇条が明るみに出すとか、いわば太鼓判を押すとかいうことは求められていないのでしょうか？

キリスト教は歴史的な宗教です。しかしそのことがどういう意味をもつかということに関してはある一定の考慮が必要です。私たちの理解では、歴史の中には、歴史的事実に関する科学的真理、及び歴史がその事実のうちに見いだす意義という二種類の真理が含まれています。その意義は、現実が含む様々な要素の重要性をいかに正しく理解するかにかかっています。そしてそのことは、そうした諸要素が現時点においてどのように知られ、どのように評価されているかということをも含んでいます。重要なのは、歴史的事実が提示した普遍的な原則であり、その原則が当時と今日という歴史的時点においてどのように実現されたかという点にあります。神の本性に関する啓示が現在も常に真実《である》と信じていないとしたら、過去においても真実《であった》と信じることはできないのです。しかし、キリスト教の信仰箇条における歴史的事実の重要性がどのようなものであれ、これらの信仰箇条は本来的には歴史的事実を述べたものではなく、歴史的事実の意義を述べたものなのです。キリスト者になることは、ナザレのイエスの生と死が世界における最も重要なことであることを自ら発見することを意味します。私たちがイエスの生と死を学べば学ぶほど、それを理解しようとすればするほど、とりわけその原理にしたがって生きることに自らを捧げていくほど、現実は私たちにとって一層わかりやすくなるはずなのです。しかし、それらすべてのことに関していえば、そのように努めなければ何も見いだされません。実に、努めた程度に応じて見いだすことができるのです。キリスト教は私たちの心が受け入れることのできる知的な命題ではありません。それは、私たちの意志にかかわらず想像力をかきたててくれるような芸術作品でもないのです。キリストの生と死の意義は、私たちがキリストとともに生き、パウロによれば、ある意味ではキリストとともに死ぬことによってはじめて理解することができるのです。私はかつてある宗教新聞が「ニケーア信条を歴史的事実として信じた」人々に触れて、あたかも彼らだけが正統的な信仰の真の標準に達したかのように書いているのを見ました。しかし、ニケーア信条を信じることは歴史的事実としての《それ》を信じることではなく、ある特定の歴史的事実の意義についてニケーア信条が説明したことを信じることなのです。そして、それを歴史的事実を述べたものとみなす見解がいかにナンセンスであるかを知る必要があります。ニケーア信条は歴史的事実に関していくつかの主張をもっています。それらの主張は、もし私たちがある時間にある場所にいるようなことがありえたとすれば、ある人が「ポンテオ・ピラトの下に……十字架につけられ」「三日目によみがえった」のを見たはずだという意味合いを含んでいます。信条は処女降誕とキリストの昇天をも同じように扱っています。そして私たちが、これらの教義は歴史的事実を正しく述べたものではなく、宗教的で霊的な真理を歴史的な事実に移しかえようとする人間の根深い習慣の結果であると考えるならば、私たちは厳密にいえばニケーア信条を信じていないことになります。しかし実際には信条の大部分は、肉体的感覚によって見聞きできたような事実や出来事そのものではなく、そうした事実や出来事の霊的な意義をのべたものから構成されているのです。私たちは他の国民よりも宗教的であるとはいえません。しかし、もしも私たちがパレスチナにおいてイエスとその弟子たちに会い、頭から後光がさしてステンドグラスの窓から出てきたかのように彼らを見たと考えるならば、私たちは一層宗教的でなくなります。私たちは自分たちの宗教を宗教的でない水準によって支えようとしています。そしてそうするとき、イエスが宗教について教えたすべてのことについて背を向けていることになります。宗教的であることなくして宗教的真理が得られると私たちは考えていますが、そのことは、道徳的であることなくして道徳的真理が得られると考えるのと同様に愚かなことなのです。

「真理を見つける人たちはどうなのか？
見つけても、言葉で表現できず、
文字でも表すことはできない。
ただ専門家だけが、イエスを愛することがどういうことかを知っている」。

個人が、自分の経験や歴史的事実の自分なりの読み方において発見したものの意義を表現するのとは異なり、信条や教理集は私たちが今まで強調してきた真理を補完するところの重要な真理を言い表わしています。すなわち、宗教的経験は個人的なものには違いないのですが、それは一定のレベルにおいて包括的なものでもあるのです。キリストの生と宗教の意義は個々人によって理解されなければなりませんが、彼らは他の人々の宗教的経験からもその意義について多く学ぶことがあるはずでしょう。信条や教義は、いわば発見された意義に至る道標です。それはスコットランドでいうところの規準（standard）なのです。既存の神学的規準のほとんどはこの役割をまったく果たしていません。それらは時が経つとともに判読しにくくなる道標であったり、それらに関して書かれていることを予め知っている人々によってしか理解されない道標なのです。しかし私たちに必要なのは、他の人々の経験を知ってそれを自分たちと分かちあうとき、それらの経験のもつ個性が豊かにされることはあっても貧しくされることはない、ということを私たちに気付かせてくれるものなのです。

「英雄たちの時代は戦い、倒れた。
あのホメロスが最後に語るだろう」。

そして彼の聴衆を鼓舞してより大きなヒロイズムへと駆り立てるのです。
というのも、このことはあらゆる形態の経験にあてはまります。詩的経験は、個人的なものには違いありませんが、だからといって自分自身の詩だけしか読まず、詩的経験の大きな世界があることを認識しなかった人は愚かな人でしょう。その世界に入ることによって、彼自身の個人的経験が豊かにされ、一層包括的なものとされるでしょう。真理はいつも生きたものであって、それは教理書や公式の中にではなく、人々の心の中に存在するとしましょう。その場合、真理が人々の心に存在するというのは、彼らが自分自身を超えた実在や、無限に包括的な実在を理解しようと努める限りにおいてなのです。真理は誰か一人の心の中にあるというわけではないのです。いや、こうのべる方がよいかもしれません。誰かが自分を他の人々から遠ざけようなどとはせず、自分が知識の共同体の成員であることを自覚するならば、真理はその人の心の中にあるといってもよいかもしれません。

私たちの宗教的経験は私たち自身のものでなければなりません。各人がナザレのイエスの生と死の中に発見する意義の中には、いつも各人にとって個別的で特殊な何か、つまり彼個人にとっての神の言葉が存在するでしょう。それは決して標準化された経験ではないでしょう。しかし他方において、それはまさしく私たち自身の経験であるために、容易に一面的な経験となるかもしれません。またもし私たちの宗教的経験が他の人々の宗教的経験との触れ合いによって豊かにされることがなければ、また私たちが「多くの証人たちに、雲のように取り巻かれている」（ヘブル人への手紙一二章一節）ことを忘れてしまうならば、私たちの経験は十分包括的で、本物の経験になることはきっとないでしょう。そして、個人として信仰箇条に親しむだけでは、自分が必要としている自制心や内面の豊かさは得られないでしょう。しかし、あの偉大な伝統を受け継ぐ権利が私たちにあり、私たち自身もその伝統の一部となるのだという自覚を与えてくれる限りにおいて、信仰箇条は偉大な目的に役立つものとなることでしょう。

訳注

（1）リンゼイは、一九二四年から一九四九年までベィリオル・カレッジの学寮長をつとめたが、ここに収められているチャペルでの説教は一九二七年におこなわれたものである。

（2）アーサー・ライオネル・スミス（Arthur Lionel Smith）は、一九一六年から一九二四年までのベイリオル・カレッジの学寮長。大学が社会に対して開かれたものにするために尽力した。

（3）ジョン・バニヤン（John Bunyan 一六二八―一六八八年）の『天路歴程』（Pirgrim's Progress. 第一部、一六七八年、第二部、一六八四年）に登場してくる架空上の人物。クリスチャンが巡礼の旅路において出会う人々の一人が俗才町という大きな町に住む世才氏である。世才氏は重荷を捨てて、この世の道に従うようキリスト者を誘惑し、その誘惑に従って遵法者の家に行こうとする。クリスチャンがその途上でシナイ山とみられる丘が頭上に落ちて来はしないかという恐れに捉われている時、伝道者と再会し、自分の誤りを指摘される。（池谷敏雄訳、新教出版社、五二―六三頁）

（4）手塚富雄訳『ツァラツストラ』（『世界の名著　四六』、中央公論社、六二頁）

（5）正しくは、「人の主な目的は、神の栄光を現し、永遠に神を喜ぶことです」（榊原康夫訳『ウェストミンスター小教理問答書』、聖恵授産所出版部、一三頁）。

(6) バニヤン『天路歴程』、前掲訳書、一八五—一八六頁。

(7) トラシュマコスは、前五世紀（生没年不詳）のソフィストで、『国家』第一巻でプラトンと正義をめぐって争った。彼は自然人を強者と弱者に分け、正義というのはたんに強者が生れつきの力をほしいままにするのを防止するために弱者によって用いられる観念にすぎないとした。また英国の政治思想家トーマス・ホッブズ（一五八八—一六七九年）は、自然人を自由で平等な利己的存在として描き、各々が自己保存の権利をひたすら追求する結果、「万人の万人に対する闘争」を招くと考えた。

(8) 『カラマーゾフの兄弟』、第五編第四「反逆」（岩波文庫第二巻、五六—七五頁）

(9) 『天路歴程』、前掲訳書、四三頁。

(10) クリソストモス（三四七—四〇七年）は、アンティオキアの人でコンスタンティノポリス主教。彼は、四世紀の東方教会において最も尊敬されている教父。聖書解釈においてはアレクサンドリア派の比喩的解釈を退け、アンティオキア派の字義的解釈を主張した。彼の新約、旧約の主要部分の釈義が本としてまとめられた。またクリュソストモスの祈りは、現在英国国教会の礼拝式文の中で公式的なものとみなされており、その他の教会でもよく使われている。本文によく引用された部分に続いて、以下の祈禱文がある。「願わくは、わたしたちの益を思いはかって、あなたの僕の望みと願いを遂げさせ、この世においては主の道を悟り、後の世においては限りなき生命に至ることを得させてください。アーメン」。

(11) サミュエル・バトラー（Samuel Butler 一八三五—一九〇二年）は、イギリスの作家でヴィクトリア王朝の偽善的道徳を鋭く批判。聖職につく予定であったが拒否して、ニュージーランドに移住して牧羊業者として成功した。彼の主著『エレフォン』（Erewhon 一八七二年）は Nowhere をひっくり返したもので、どこにもない国という意味である。語り手の青年ストロングは牧羊での成功を求め、ニュージーランドへ移住し、エレフォン国に至る。そこは健康な美男美女の国で、イギリスとは逆に、病気はすべて犯罪で刑罰の対象となるのに対して、横領などの不正行為は病気とみなされ、治療をうける。昔、高度の機械時代を持ったことがあり、今は機械は否定されている。成功が賛美され、欺かれた者は同情されえない。「不合理大学」が最高学府であり、「音楽銀行」は通用しない通貨を発行し、子供は一四歳になると生まれてきて申訳ないという「出生告白状」に署名する。最後にストロングは恋人のエレフォン女性と手作りの気球でその国を脱出する。作者の主旨は、エレフォンの事情に託してヴィクトリアニズムを風靡することであり、教会制度や父権を攻撃し、また機械の進歩が人間を奴隷にすることに対して警告している。また教会が銀行にたとえられて批判されている。

(12) 『ウェストミンスター小教理問答集』問一六―一九、前掲訳書、二三―二七頁。

(13) ワーズワース（William Wordsworth 一七七〇―一八五〇年）はイギリスの詩人で、彼の『逍遙遊』（Excursion、一八一四年）は九巻の長編詩である。ワーズワースは三部からなる膨大な哲学詩を計画し、その一部が『逍遙遊』であった。詩人は哲学的な放浪者とともに旅して悲観的な隠者のもとに赴き、その煩悶の原因は信仰の欠乏にあるを知って、これを励ます。

(14) ディズレリ（Benjamin Disraeli 一八〇四―一八八一年）はイギリスの政治家であり小説家。彼は、一八八六年と一八七四―一八八〇年に保守党の内閣の首相を二度つとめる。彼の著作『シビル』（一八四五年）は、ビクトリア朝初期の労働階級の窮状と富者の利己主義とを描き、寛容なチャールズ・エグレモントと、チャーティズムの指導者を父に持つシビルとの恋愛を織り込んだ政治小説。チャーチスト運動に対する分析も見られる。

ディケンズ（Charles Dickens 一八一二―一八七〇年）は、イギリスの小説家。『つらいご時勢』（Hard Times 一八五四年）は、きわめて合理主義的な実業家トーマス・グラッドグリンドが二人の子供の情緒的側面を無視して育てるが、ついには自分の教育の失敗を悟る物語。彼は長女ルイーザを三十歳も年上の功利的な実業家に嫁がせたが、ルイーザは夫にがまんができずに別れる。弟トムは悪事が露見して国外に逃亡する。資本主義社会がもたらした精神的に不毛で汚れた産業社会の生活や人間性を批判的に描いたもの。

ガスケル（Elizabeth Cleghorn Gaskell 一八一〇―一八六五年）はイギリスの女性小説家。ユニテリアン派の牧師としてロンドンに生まれ、マンチェスターの牧師ウィリアム・ガスケルと結婚後は、貧民救済事業に従事した。彼女の小説『北と南』（一八五五年）は、イングランドの南と北との住民の気質を対照し、雇い主と使用人との関係を描いたもの。ロンドンのぜいたくな生活に慣れたマーガレットが北方の紡績業の町に来て、頑固な雇い主ジョンに会い、二人の間に恋と誤解が起こる。結局ジョンの心が和らぎ、使用人に同情を持つようになり、マーガレットと結婚する。彼女はこの作品によってカーライルに認められた。

(15)　カント『純粋理性批判』（篠田英雄訳、岩波文庫、下巻、五二―五三頁）

(16)　ドストエフスキー『白痴』（岩波文庫、米川正夫訳、上、第二編第四、四二五頁）。なおこの少し後にドストエフスキーはムイシュキン伯爵に次のように言わせている。そこにリンゼイの宗教観と類似するものが示されている。「宗教的感情の本質というものは、いかなる論証、いかなる過失や犯罪、いかなる無神論の尺度にあてはまるものじゃない。こんなものの中には、なにか見当ちがいなところがある。またいつまでたっても見当ちがいだろう。それは永久に無神論者などがすべってはずれて、つかむことのできない、また永久に人々が見当ちがいな解釈をくだすような、あるものなのだ。しかし何より大切なのは、このあるものがロシア人の心の中に、最も多く見られるということなのだ」（同、四二八頁）。

（17）バニヤン『天路歴程』、前掲訳書、一四七―一五〇頁。

（18）プラトンは、ここで対象を真似て描写することが、詩や絵画などの役割だとし、それは「本性から遠ざかること」に他ならないという。それればかりか、詩人は「魂の低劣な部分を呼び覚まして育て、これを強力にすることによって理知的部分を滅ぼしてしまう」。ここでリンゼイは、プラトンの詩、及び詩人に対するこうした厳しい評価について述べているものと思われる。（藤沢令夫訳、『国家』下、岩波文庫、三〇二―三三九頁。）

（19）エルの神話は、プラトンが『国家』第十巻においてグラウコンに話した物語。戦士したエルが葬りされる前に生き返り、あの世で死後の魂が裁かれることなどを語ったという。この神話の中で特にプラトンは、それぞれの魂が生まれ変わる生涯を自分で選択できることに触れ、「善き生」と「悪しき生」とを識別し、どんな場合でも「善き生活」を選ぶべきことが、生きている者にとっても重要であることを説いている。（『世界の名著7、プラトンII』、中央公論社、三九〇頁以下参照。）

（20）『パイドロス』は、プラトンの中期の対話編で、ソクラテスとファイドロスが主人公である。副題は、「美について」あるいは「恋について」。弁論術のロゴス的性格の吟味と神的な狂気としての恋の問題が主題である。天外の世界へ行くにあたって真実在を見失った魂が、地上に落ちて人間の魂に宿るようになった後、この世の生を送る道すがら、美しい人に出会って、かって見た真実在と美のイデアを想起することが書かれてある。(『プラトン全集5』、藤沢令夫訳、岩波書店)

(21) A. Shand, The foundation of character, 1920. この著作は、文芸作品に描かれている人物の性格を人間性の理解において重視する心理学的研究。佐藤幸治氏によれば、「これは人間性に関する寓話や、諺や、箴言や、文芸作品などを蒐集して、情操ないし性格の法則一四四則を導きだした。『いかなる情操もそれ自身の性格の型を形造ろうとする傾向をもつ』というのが彼の根本的な立場であった」。(『性格心理学講座、I性格の理論』金子書房、一九六一年、一四―一五頁参照。)

(22) クローチェ (Benedetto Croce 一八六六―一九五二年) イタリアの哲学者、批評家、歴史家。マルクスの研究を経て、ヘーゲル主義の立場に進み、ヴィーコの影響も受けつつ、イタリアに支配的であった実証主義の克服を試みた。彼によれば精神は直覚、概念、経済行為、道徳行為の諸段階を通じて発展し、また歴史を形成する精神は哲学において自己自身を眺めるから哲学は本質的に歴史哲学である。彼はファシズム政権確立の後も反ファシスト声明を書き、第二次大戦の戦後から末期にかけては、王政に反対して自由党を指導した。全四巻からなる『精神の哲学』が彼の代表作。

(23) ケア (William Paton Ker 一八五五―一九二三年) は、イギリスの文学者で中世文学の権威。ロンドン大学の英文学教授で、一九二〇年以降はオックスフォードの詩学教授。彼の著作は、The Art of poetry (一九二三年)、Collected Essays (一九二五年)、Form and Style in Poetry (一九二八年) などがある。

(24) 『リシダス』(一六三七年) は、ジョン・ミルトン (一六〇八―一六七四年) が友人エドワード・キングを哀悼するためにつくった哀歌である。

（25）テニスン（Alfred Tennyson 一八〇九―一八九二年）は、ワーズワースに続くイギリスの桂冠詩人。牧師を父に、リンカンシャーに生まれる。時代の変動を予感する一九世紀イギリスの代弁者の役割を務めた抒情詩人であった。彼のティトノス伝説は、『ティトノス』（一八六〇年）で触れられている。また彼は『聖杯』（一八六九年）という詩を書いた。ティトノスは、ギリシア神話の人物でトロイア王ラオメドンの息子。彼を愛したエオスがゼウスに彼の永生を願ったが、永遠の若さを請うのを忘れたため、老衰のはてに声のみとなり、エオスは彼をやもなくキリギリスに変えた。

（26）ボアズ氏は、テニスンの『聖杯』の中に登場する人物で、ただ一度だけ聖杯を夢見た正直者として描かれている。

（27）重い皮膚病にかかっていたアラムの将軍ナアマンに対してイスラエルの預言者エリヤは、イスラエルのヨルダン川で七度身体を洗えば皮膚病が治ると宣言した。その言葉に怒ってナアマンは、次のように述べている。「ダマスコの川、アマナやパルパルは、イスラエルのすべての川にまさっているではないか。これらの川で洗って、私がきよくなれないのだろうか」（列王記II、五章一二節）。

（28）シン・フェイン党はアイルランドの革命政党。一九〇五年に英国からの独立を目指す秘密結社として誕生。一九年に暴動を起こし、デ・ヴァレラを中心として共和国を宣言した。左右に分裂後、右派は二二年のアイルランド自由国の成立と共に、アイルランド統一党として政権を掌握した。

（29）シルヴィーとブルーノは、ルイス・キャロル（Lewis Carroll）の *Sylvie and Bruno*, 1889 と *Sylvie and Bruno Concluded*, 1893 の主人公の妖精。

(30) ディケンズ著『リトル・ドリッド』(little Doritt) は、一八五五年七月に出版。負債のため長らく投獄されていたドリッドは、思いがけない富を得て傲慢になるが、末の娘のアミー(リトル・ドリッド)だけは、純真さを失わなかった。牢獄のイメージを駆使しながら、当時の政治の非能率をはじめとし、拝金主義的な金融の腐敗、因習にとらわれた上流社会など、世の中の種々な「牢獄」を描いた社会風刺小説。

(31) ベウラはイスラエルのことで、幸福の土地を意味する。またアポリュオンは、キリスト教会に敵対する世界に与えられる多くの災いの一つである。「彼らは、底知れぬ所の御使いを王にいだいている。彼の名はヘブル語でアバドンといい、ギリシャ語でアポリュオンという」(黙示録九章一一節)。

(32) エックハルト(一二六〇—一三二八年)はドミニコ会士で、ドイツ神秘主義の最高峰をなす哲学者。浄化を通しての「魂の火花」による神との意志的な神秘的合一を説いた。

(33) ニケーア信条は、第一回ニケーア公会議において採択された信条。カイザリア教会の信条を司教エウセビオスが提出し、これに反アリウス的な立場を明確にする改訂が加えられて成立した。

2 善良な人と利口な人（一九四五年）

善良な人と利口な人

私は、講義を始めるにあたり、レディ・マーガレット学寮（Lady Margaret Hall）の初代寮長であるワーズワース[1]のあの魅力的な詩の一節をテキストにとりたいと思います。よく知られているテキストは、講演の初めによく朗読されますので、私もそのようにすることにします。

「善良な人が皆、利口であるならば、
そして、利口な人が皆、善良であるならば、
世界はかつてないほどに素晴らしくなるだろう。
そうなることは可能だと私たちは考えた。

しかし、どういうわけか、両者が折り合うことはまずない。
折り合うべきであるにもかかわらず。

善良な人は利口な人に対し、厳しすぎる！
　利口な人は、善良な人に対し、不作法に振る舞いすぎる！
だから友よ、やってみようではないか　一つ一つ理解し合えるように
　利口な人で、同時に善良である人はほとんどいないし、
　善良な人で、同時に利口である人はほとんどいないからである」。

私がこれから考察しようとするのは、古くからよく知られているこの善良（goodness）と利口（cleverness）という区別です。この区別をどうとらえるかについては様々な見解がありますが、それらについても考察したいと思います。そうすることによって私は、この区別の意味を理解するのに必要なのはただ次のことを認めることだけだということを明らかにしたいのです。まず始めに、善良であることは、それなりに理性的であるということ、たとえ利口である以上ではないとしても、それと同程度には、理性的であるということを認めること。次に、知性の理性が存在するのと同じくらい、意志の理性が存在することを認めること。最後に、私たちが意志の理性を知性の理性から区別し、それらが相互補完的な性格を持っていることを理解するならば、私たちが現在住んでいる世界において、利口な人が善良であり、善良な人が利口であることが少ないことの理由がわかることです。

まず最初に、ギリシア人たちの見解を検討しましょう。アリストテレスは善良さと利口さとは同じではないことを知っていました。そして、利口さは善とは正反対の方向に働きうる力であること、つまり善にも悪にもなりうる力であるとのべて、両者を区別しました。利口さは、どんな目的であれ考慮されたものなら何でも、それが道徳的であるかどうかをまったく考慮することなく、その目的を達成するために必要な手段を発見し、その手段を用いる力なのです。すなわち、利口さとは、今日でいえば倫理的に中立であるということです。思うに、それが利口さについての決定的な表現でしょう。アリストテレスは利口さの徳を他の諸々の知的な徳の下に位置づけていますが、それは彼が利口さを倫理的に中立であるとみなしたからです。このことはよく心に留めておくべきです。というのも、倫理的に中立であることを、何か称賛に値する表現であるかのように用いる熱心な科学者や哲学者たちがいるからです。最近私は、あることを発見したと称する学者の原稿を読みました。彼は、もしジョン・スチュアート・ミルによって訂正・削除される以前のジェレミー・ベンサムその人の原稿を読むならば、いかにベンサムが実際に非凡な人物であったかがわかると主張しています。正真正銘のベンサムについての彼の説明を読むにつれて、かつて私がベンサムのうちにあると考えていたところの感覚のひらめきが、実はジョン・スチュアート・ミルによるものであるという結論を得るに至りました。その著者は、およそ科学というものは倫理的に中立なものであり、したがって科学的倫理もまた倫理的に中立でなければならない、このことを理解した最初の人物がベンサムであったことを知らなかったのかと、私に抗議するでしょう。この発言によって何が問題であるかが明らかになります。というのも、彼の発言が意味としていることは、ベンサムにとっての善とは十分に利口であることに他ならないということです。

しかし、アリストテレスは利口さについては理解していたとはいえ、彼の思想全体との関連において善の意味を完全に理解したとはいえません。アリストテレスが、あの並はずれた良識によって、道徳的性格を形づくる諸要素を何と見事に理解したかを考えてください。彼は、道徳的性格は習慣や訓練された行動と共に形づくられるが、それらは決して非理性的なものでもなければ、また完全に理性的なものでもないということ、習慣によって形づくられた道徳性の段階から理性的な善に至るためには、彼が友愛と呼んだ経験が必要であること、そして道徳的洞察力は、目的ないし目標の理解を含むものであり、専門的な技術に示された理解とは異質なものであるとことを知っていました。しかし、これらすべての卓越した洞察にもかかわらず、『倫理学』を読むと、必ずといっていいほど感じさせられることがあります。つまり、これらすべての洞察を調和させるためには何かが欠けているのです。この何かを補完するために、アリストテレスはプラトンと同様に、善を過度に知性化したのではないかということです。彼はおそらくプラトンほどには過度に走らなかったでしょうし、高度の数学者のみが天の御国を受け継ぐことができるとも考えなかったでしょう。しかし彼がただすぐれた人間だけが善たりえて、女性や奴隷はきっと善たりえないだろうと信じていたことは確かです。

およそこうした馬鹿げた考えを打ち壊すために、旅人がたとえ愚か者であったとしても間違えることのない道についてのユダヤ教の教えがなされ、天の御国に入るためには人は幼子のようにならなければならないというイエスの教えがなされ、そしてパウロの次のような義憤に満ちた諫言がなされたのです。「兄弟たち、あなたがたの召しのことを考えてごらんなさい。この世の智者は多くはなく、権力者も多くはなく、身分の高い者も多くはありません。しかし、神は知恵ある者をはずかしめるために、この世の愚かな者を選び、強い者をはずかしめるために、この世の弱い者を選ばれたのです」（コリント人への第一の手紙一章二六・二七節）。

善は倫理的に中立な利口さとは異なるという反論がこうしてなされ、それは神の国は必ずしも愚かな者たちだけのものではないというナッィアンツのグレゴリウス(2)のこっけいな発言を引き起こすまでに至りました。かくして、無学であっても類い稀な善性を身につけた聖人がいたということを認めないような倫理学をつくりだすことは、それ以後のどんな道徳哲学者といえども不可能であったはずです。

単純な善性についての諸々の事実なら、どんな道徳論にも見いだすことができるので、それらの事実についてしばらくの間考えてみましょう。誰しも認めるように、善と悪との違いは、教育があることとないこととの違いと決して同じではありません。しかし、善良な人であるという場合、彼の善性は習慣によって形づくられると考えることができるでしょう。プラトンならきっとそう考えたに違いありません。また、あまりにも自明にしてストレートであるために、どんな無知な人々といえども、理解しなければならないような道徳的真理が一定程度存在すると考えることもできるでしょう。どちらの見解にしても、単純な人の善性は、それがどれほど真実なものであったにしても、善性としてはやはり低い水準なのです。そのような考えでは、無学な聖人の善性を説明できませんし、教育もなく利口でもないにもかかわらず、善行と道徳的洞察力において傑出している人々が存在するという事実も説明できないのです。教育や利口さによっては得られない生活の知恵をもっている人々がいると言い換えることもできます。この点に関して私が別のところで書いたものをここで読むことが許されるでしょう。

「行動する際に必要な知恵を書物や専門的研究から学ぶのではなく、自分の経験や性格から体得するというのはよくある話です。ある人々が『健全な判断』や『常識』をもっていると話す時、どういう意味で言っているのかを私たちは知っています。彼らはエキスパートとは区別されますが、後者については私たちはあまり信頼を置いていません。この態度を正当化するために、私たちは言います。エキスパートはある分野の専門家にすぎない、行動する際に求められるのは、人々や物事についてのオールラウンドな経験なのだと。『健全な判断』や『常識』は無知から生まれるものではありません。それらが形づくられるのは、ある種の経験や責任、人々や物事についての様々な知識それに《オールラウンドな》経験によってなのです。他方、エキスパートあるいは専門家はおそらく、日常の変化に富んだ生活から切り離された形で長期間の訓練を経験することによって、卓越した知識を得たことの代償を払ってきたのでしょう。彼はおそらく、実際の経験によって彼がなした数々の判断を吟味する必要はなかったのでしょう。彼はおそらく、自分のおかした数々の誤りの代償を払う必要はなかったのでしょう。それらの誤りによってどれだけのものが失われたかを計算する必要は、彼には決してなかったのです。彼は、言葉の悪い意味において『アカデミック』になったのです。

ある人々がいて、実際に起きた諸問題とその処理の仕方に関する彼らの判断に私たちは敬意を払っています。彼らのことを考えるとき、彼らがすぐれた判断を行なうのにアカデミックな教育がそれほど重要とはみえなかったということに、私たちは確かに同意すべきです。彼らの中には、教育のある者もいればない者もいましたし、裕福な者も貧しい者もいました。彼らは特別な訓練を受けたことは一度もありませんでしたし、特別な才芸もなかったのです。こういう訳だからこそ、私たちは、エキスパートの一面的な偏向を《普通の》人の良識や常識と比較対照するのです。また、エキスパートの諸々の提案は普通の人々によって承認されるべきだと民主主義者が考えるのも、こういう訳なのです。

このことには明らかに一理ありますが、普通の人とか常識とかいう場合には注意しなければならないことがあります。『常識』（comon sense）は、最も貴重な資質の一つだと時折言われます。『コモン』（common）という言葉は、ニューイングランドにおいては、非凡にして（uncommon）、称賛に値するという意味で用いられます。思うに、それは、イングランド北部もしくはスコットランドにおいて、『プレイン』という言葉とほとんど同じことを意味しています。子供の頃自分の母が「これまで会った中で最も飾り気のないプレインな女性」だと言われると、私たちは得意になりました。その言葉は多義的で自分の母をからかう武器としても用いられたにもかかわらずです。『コモン』の場合と同様、『プレイン』は、彼女が人々をみたままの姿で受け入れ、彼らの地位ないし階級その他の世間的な属性を表わすものをまったく度外視したことを意味します。そのように感受性があって謙遜な心の態度は、人と人生を理解する上で本質的なものです。そのような態度は、他の特別な才芸を持たず、普通だと思われている人々であれば、誰の中にも見いだすことができます。しかし、現実には、彼らはありふれた人々でも普通の人々でもないのです」。

ギリシア人らは、善良な人と利口な人を十分に区別しようとは決してしませんでした。というのも、彼らは、社会科学と自然科学の間に区別を設けず、それ故どんな科学をも倫理的に中立であるとは考えなかったからです。ギリシア人たちは徹頭徹尾、目的論的観点から、人々の諸々の行為は彼らの諸々の目的によって導かれ、説明されると考えたのです。したがって彼らは、行動の目的、つまり行動が包括的な合理性をどの程度持つかによって、彼らの行動の合理性ないし善性の違いを決定したのです。

そのように、彼らにとって自然的対象の行動における違いは、彼らを導いた目的の違いによって説明されました。したがって科学は、善と同様に、目的ないし目標の把握を伴ったために、善とごっちゃにされたのです。無学な者がいかにして善良な者になりうるのか、ギリシア人らは理解に苦しみました。更に彼らは、何が善であるかを知りながらも人々がそれを行なわないほどまでに、目的を把握することが行為を牽引したり推進したりすることから区別されることを理解できなかったのです。

ルネッサンス期における近代科学は、アリストテレスのいう最終的目的を考慮することをやめ、その結果自然科学を倫理的に中立なものに仕上げました。それに続けて、この観点から社会科学をも物理学と同じ前提条件の下に置こうとする試みがなされましたが、そうした試みはいつも抵抗を受けてきました。物理学においては、もはや誰も最終的目的を再考しようとはしませんでした。自然科学を最終的目的から、したがって善と悪の考慮から切り離したことによって、人類はこれまではかりしれない利益を得たし、また得続けている、という考えが広く受け入れられました。その結果私たちの主題に関してどうなったか、注目しましょう。利口さは、アリストテレスの場合とは違って、尊敬に値するものとされたのです。利口さが専門的能力と呼ばれる時に、そのことは明白となります。今日私たちが苦い経験から知っている専門的能力は、「相反する方向に働く力」であり、命の目的と同様死の目的にも仕えることができます。この能力が私たちの手から独立したことによって、それは、それまでになくはかり知れない力をもつようになったのです。

利口さに対して善を奨励するパウロの反動と同様に、善よりも利口さの方を奨励するルネッサンス期の反動は、こうした反動にみられがちなように極端へと走ってしまったのです。というのも、自然についての新しい観念が、自然科学の誕生と共に導入されたからです。この新しい観念は機械の観念です。機械の働きに顕著な性質は、その動きの一つ一つがすべて、機械の静力学的部分の複雑な絡み合いから生み出されるところにあります。機械の運動は単調に押すか引いたりすることです。せいぜい押し、《そして》引くことなのです。

新しい科学が名声を得たことから刺激された道徳理論家たちが、人間の行為の探求は物理学と同様になされるべきだと述べたとき、人間の行為においても物理的な現象と同様のパターンが見いだしうるという仮説が生まれるのは当然の結果でした。彼らは、引くという単調な運動を人間の快楽に対する欲求に見立て、あるいは押したり引いたりする運動を、苦痛を避け、快楽を願うという人間の行為に見立てたのです。人間の行為があらゆる変化をこうむるのは、静力学的な状況によるのです。この理論において重要なことは、現存の状況が、引いたり押したりすること、苦痛を避け快楽を追求することに影響を及ぼして、いかなる将来の状況をつくりだしていくかを予測することにありました。その意味ですべては現存の状況の研究にかかっていました。以前のべたように、ベンサムはこの新しい考えを体系的に、かつ計画的にまとめあげたのです。彼は、諸々の事実を完全に無視するという犠牲を払って、人間の行為に関する「科学的」な説明を生み出しました。アリストテレスはいくつかの意見に触れ、ある一つの命題を常に擁護している人々でなければ、同じ意見をもつことはおそらくありえないだろうと述べています。そのことは、確かにベンサムの功利主義についてもあてはまります。そしてほとんどの倫理学者は、善は利口さ以外の何者でもない、という彼の見解に従いませんでした。彼らの目にあまりにも陳腐な考えと映ったのは、人間の行為のうちにみられるところのいかなる合理性も、科学的知性の通常の働きと同様であるという仮説です。つまり、いずれも状況を理性によって評価し、ある一定の状況下においてはどういうことが生じるかを計算するというのです。彼らによれば、人間の活動を生み出す動機は様々であるが、どんな《動機》も非合理的であるという一点では共通しています。つまり、ある種の動機ないし衝動は善を生み出し、他のものは悪を生み出すのです。この見解は、理性は情念の奴隷であるし、そうあらねばならないというヒュームの有名なコメントにおいて表明されたのと概ね同じ立場になります。この見解は、情念には良いものと悪いものとがあり、私たちは自分の理性を良い情念に従わせなければならないという考えとまったく一致します。この見解は、ベンサム主義のように、善とはまさに利口さであるとは言いません。それは善と利口さとは相異なるものであることを認めます。アリストテレスと同様、利口さは目的に対する手段とのみ関わりを持つのです。しかし、アリストテレスとは異なって、理性は諸々の目的それ自体とは何の関係も持ちえない、とこの見解は考えるのです。これらの目的を決定づけるのは理性ではなく、諸々の情念なのです。情念は、社会生活にはなくてはならないものですが、それ自体は非合理的な諸力です。それ故、善が命じる目的を利口さは追求しなければならず、善良な人がせよと告げたことを利口な人は行うとしても、依然として利口な人は、善良な人の権威に従いながらも彼らを思うがままに軽蔑するでしょうし、善良な人に対してなおも不作法に振る舞うことができ、善良な人は何と愚かなのかと指摘することができるのです。

もし、この見解が正しいとすると、私たちは次のことに賛同しなければなりません。つまり、理性的な行為、思慮のある行為、それに知性に基づく行為という場合、それは実のところ、そうした行為に伴うか、行為に先行するところの思考が理性的で知性的だという意味であって、意志や行為の動機などが理性的で知性的だということには決してならない、ということです。私の判断によれば、道徳的行為をどんなに分析したところで、私が単純な善と呼んできたものを説明できません。そのような分析が広くゆきわたっているためにかえって、ほとんどの道徳理論が現実の生活に起こっているどのようなことからも距離を置くことになるのです。

この見解とまったく対照的な理論があり、それによれば、「理性的」という形容詞は、知性に対してと同様に意志に対しても正当に適用できます。理性的ないし非理性的に思考することができるように、理性的ないし非理性的に意志することができます。理性的な行動も理性的な思考も共に存在するのです。理性的であることの特徴は、双方の領域において自らを発揮します。非常に理性的に行動することができても、理性的に思考することはできないという人がいるでしょう。他方において、利口な驢馬のような人もいることもよく知られています。この理論のこうした指摘は、おそらくはしごく当然のことと考えられるかもしれません。実際、私もそう思います。しかし、私の考えでは、そのことを当然のこととして受け取らない多くの道徳哲学者たちがいます。もし私たちがそれらを真剣に受け取ることができるならば、それらが理論と実践の双方にとっていくつかの興味深い意味をもっていることがわかるでしょう。

この見解を唱えた代表的人物は、いうまでもなくイマニュエル・カントですが、彼はそれをルソーから学んだと述べました。カントがルソーに負っていると自認している二つの興味深い箇所があります。その一つにおいてカントは、彼がこれまで自分の博学による品性をいつも誇りとしてきており、自分は知的で才芸豊かであるので、すぐれた人間であると考えてきたと告白しています。ルソーによってカントは自分の考えを反省し、普通の人を信頼する心を取り戻しました。彼自身の言葉を引用してみましょう。「ルソーは私を正してくれた。この無分別な思い上りは消え失せた。私は人々を尊敬することを学んだ。そして、私の仕事が人間性の権利を回復する点において、すべての人々に価値あるる何かを達成することができることを信じなければ、私自身を一般の労働者よりも価値のないものと考えたであろう」[3]。カントは、純朴な両親を、決して尊敬することをやめなかったので、このことに気付く有利な立場にあったのです。年長者たちよりずっと利口な若い人々は、自分が優れていると感じる誘惑に陥りがちです。しかしルソーはカントを正しました。彼は無学な人々のもつ純真な善が重要であることに気付いたのです。

第二の箇所はおそらくもっと注目すべき所でしょう。というのも、そこでカントはニュートンとルソーが近代思想の偉大なパイオニアであると述べているからです。すなわち、物理学の領域においてはニュートンが、人間の行為の理解においてはルソーがそうなのです。「ニュートンは、彼以前には、無秩序と乱雑な多様性しか見いだせなかった所に、偉大な単純さと結びついた秩序と規則性を初めて見た。そしてそれ以来、彗星は幾何学的軌道を描いて走っていることになった。ルソーは、人間の様々な仮りの姿の間に、深く隠された人間性と、秘められた法則を初めて発見した」[4]。

ルソーは今日では不評です。彼はロマン主義者でありましたが、私たちは現在狂気に走ったロマン主義に苦しんでいます。集団を礼拝することを彼が始め、ヘーゲルを経て、最終的にヒトラーに至りました。いずれにせよ、神秘主義的で支離滅裂で、非現実的で誇大妄想的だというのが彼への評価となっています。ジョンソン博士[5]ならば、荷馬車の後部にルソーを座らせて鞭打たせたことでしょう。ボズナップ氏[6]の言葉によれば、きっと英国的ではなかったのです。

しかし、カントがルソーから何を得たかは、はっきりしています。第一に、人間の行為には諸々の法則がありますが、それらは物理学の諸法則とはまったく異なっているにせよ、やはり法則なのです。ドイツ人が《精神の諸学》と呼んだものを理解する長い物語がそこから始まり、ディルタイへと至ります。第二に特殊意志と一般意志の区別ですが、この区別は、ある社会や集団が意志をもっているといえるかどうか、という問題とはまったく別の問題です。この問題は盛んに論じられてきましたが、私に言わせればほとんど無益な問題です。というのも、私たちは一人一人違った意志をもち、違った態度をもっていて、自分が何をなすべきか決める際の態度は皆違うからなのです。私たちは自分のことしか考えないかもしれません。あるいは、他の人々のことを考慮したり、関心をもったり、気遣ったりするかもしれません。よく見聞きする態度を言い表わそうとして、私たちがよく用いる言葉を観察してみましょう。配慮、関心などといった言葉のうちに、どれほど情念や思考が混り合っていることでしょう。あるいは、行為と認識が区別できないほど、分かちがたく混じり合っていると言ってもいいでしょう。

さらに注目すべきことがあります。一般意志ないし理性的意志についてのルソーとカントの理解は、まったく異なります。そして、私たちは個人が大衆の中に飲み込まれ、そのことが非合理的で悲惨な結末をもたらしているのを、まのあたりにしています。一般意志という言葉には、カントがルソーのその言葉から理解したように、自分が何をしたいかを決める際には、自分以外の他者の意志をも考慮に入れなければならないという意味合いがあるのです。というのも、一般意志にあっては、自分の意志が理性的であることには一定の限界があるという原則が存在するからです。子供の頃、私たちは「この世界にいるのは自分一人だけではない」のだから、あれこれのことを勝手に期待することはできないとか、あれこれのことをしなければいけないとか、そういう思いを心に留めさせられます。こうして自分の意志を普遍化するプロセスが子供の頃から始まっているのです。周知のように、このことは道徳教育を行う場合には欠かすことのできないプロセスです。それはなによりも意志を教育することであって、どのように振る舞うべきかという態度を繰り返し教えこむことなのです。そのことがなされるのは、なによりも家族ないし学校といった集団やその交わりの中においてです。アリストテレスは適切にも、この慣行こそ、善き生活に不可欠な第一歩だとのべています。

けだし、私たちは皆このことを知っています。集団の一員であることを学ぶことの重要性は広く認識されていて、家庭においてであれ、学校においてであれ、英国の教育においてはとりわけそうなのです。チーム・スピリットや「規則に従ってフェア・プレイをする」ことが強調される背景にはこういう考えがあるのです。こうしたことは、すぐれた人々がむしろ恥と思うくらい、英国の教育においてこれまで尊重されてきました。しかし私は、このやり方はうまくいかなかったと信じています。その理由は、このやり方は教育理論の中に取り入れられるのが当然なのに、実際にはそうならなかったからです。また、意志が理性的な意志となりうるのだということが、理論的に認められるのにかなりの時間がかかったからでもあります。

集団における教育には、ある明白な欠点があります。集団が教育的見地からみて有益でありうるとすれば、規模が小さくなければなりません。都市全体を一つの集団に、すべてを包括する単一の家族のようなものにしようとするプラトンの試みは、アリストテレスが言うように、希薄な交わりを生み出すものにしかならなかったのです。しかし他面、集団が小さい場合には、排他的になりがちです。仲間集団（fellowship）といえば良い響きがありますが、徒党（clique）というと悪い響きがあります。実効性ある集団は皆、排他的になって非構成員をよそ者とみなす傾向があります。それはあたかも、同じ集団の構成員に対して振る舞うのとは全く正反対の態度を非構成員に対して示すように、私たちの意志が訓練されるかのようです。実際に、集団が統合される手段として、よそ者や他の集団について共通の憎悪や軽蔑の感情をもたせることがあります。他の人々よりも優秀であることだけを共通の内容として持っているような紐帯は、とてつもない紐帯です。ヒトラーはまさに、スケープゴートとしてユダヤ人を用いることによって、そのことを証明したのです。嫉妬や嫌悪の感情を集団の構成員同志に向けることは禁じられていながらも、ユダヤ人に対してはそのような感情のありとあらゆるものをぶちまけることが許されたのです。

意志を真の意味において普遍化し理性化しうるかどうかは、この排他性を超えたところに私たちの学問を打ち建てられるかどうかにかかっています。カントがルソーの教説に対して、偉大な進歩を成し遂げたのはこの点において彼が成功したからなのです。カントは思弁的にせよ、実践的にせよ、非常に特殊な意味において理性という言葉を用いています。このことは記憶に留めておくべきでしょう。彼のいう理性は、悟性と比較され、無条件なもの、絶対的なもの、無限なものの能力を意味します。彼が第一『批判』（『純粋理性批判』）において示しているところによれば、私たちは科学において、当然のこととみなされる諸々の仮説や前提に立脚しますが、他方では同時にその仮説の範囲内であっても首尾一貫性をもたらす普遍性を同じように求めることによって、不完全な仮説を超えて完全な普遍化へと進まざるをえないのです。思弁的理性の原理は、特殊なものや部分的なものを探求するという局所主義を打ち壊すことです。もっとも、自分の経験を理解可能なものとするにあたって、私たちがともかくも一定の筋道を得たのは、まさにこの局所主義によってなのですが。理性は、実践の領域においても同様の役割を果たすべきです。すなわち、私たちが意志を理性的なものにする過程を始めることができたのは、あれやこれやの集団の助けによってなのですが、理性はそのような集団のもつ限界を越えて私たちを進ませるという役割を持っているのです。マルクス・アウレリウスの有名な言葉に、「詩人は、『親愛なるケクプロスの都よ』と語った、汝は『親愛なる神の都よ』と言うことはできないであろうか」というのがあります。私たちは集団の中で、ある原則に従うことによって、自らの意志を訓練し、他人を自分自身のこととして考えることを学んできました。その原則を探し求めながら私たちは進むのです。私たちは、人々のうちにある偶然的で有限な相違を通して見えてくる共通の人間性を理解することを学ぶにつれて、人間が平等であることを身をもって認識し、すべての人類に対して関心を払い、顧慮することを学ぶに至るのです。

人間のもつあらゆる外面的な装いや偶然的な違いにとらわれないこと、背後にはかりしれない大きな存在を感じさせるような真の人間性に到達することは、真に善良な人の、とりわけ聖者のしるしではないのでしょうか？ 真に善良な人は、教育を受け、学識があり、知的であるかもしれません。あるいはそうでないかもしれません。しかし、彼は利口である必要はないとしても、愚か者ではありません。彼は自分自身を他の人々の立場に置く想像力をもっていますし、また想像力をもって他人に共感する能力、そして地位や富や能力やその他すべての差異を超えて、本質的な人間存在に到達する能力を持っています。ドストエフスキーの『カラマーゾフの兄弟』で、ゾシマ長老が彼のもとにやってきた様々な人々をどう扱ったかを考えてみましょう(7)。もちろん彼は聖者でした。しかし私たちは読み進むにつれて、彼が善き人ならば誰でも程々に持っている能力を、すなわち人々が無限の可能性をもっていることに気付くという能力を並はずれて持っていたことがわかるのです。

ウォルター・リップマン(8)は、興味深い箇所において、「民主主義的な人生観の全体の源であるところの素朴な直観力」は、究極のところ自分と他の人々とは同等の間柄なのだという感情であると語っています。この感情は純粋に心からのものですから、打算的な意味はどこにも存在しません。

「あなたがいて、あなたの隣人がいる、あなたは、彼より生まれがよく、豊かで、強く、ハンサムである。それどころか、彼より善良で、親切で、好ましい。あなたは彼より同胞に多くのものを与え、受け取るものは少ない。知性、徳、有用性についてのいかなる、そしてあらゆるテストによっても、あなたが彼より善良な人であることは明らかである。しかし、——馬鹿げたように響くかもしれないが、——そのような差異は重要なことではない。なぜなら、最後に彼に残された侵すことのできない部分は、比類なくユニークであり、普遍的である。あなたはこのことを感じるかもしれないし、感じないかもしれない。あなたが感じないとすれば、世間があなたに認める優越性は海の巨大な波のように思えるであろう。しかし、あなたが本当にそれを感じるとすれば、その波は広大な海におけるかすかな束の間の小波でしかない(8)」。

私は彼のここでの見解を支持します。ただ、私からみれば、リップマン氏が直観力と呼ぶものについては、それを身につけている人々もいますが、そのことを拒む人々もいるので、この直観力は、善なる意志を理性的な意志にするための最後のレッスンではないかと思います。本当にそうなのだと考えて行動しなければ、そのレッスンを学んだことにはなりません。

かくして、善き人は想像力をもって他人に共感することによって彼の仲間を理解しますが、利口な人はそのような理解の仕方を拒否します。というのも、そのような想像的共感は、倫理的には中立たりえないからです。

理性的であるという場合には、知性が理性的だという意味合いだけではなく、意志が理性的だという意味合いもあるのだということ、また、善はたんなる非理性的な情念や情緒ではないということがこれまで明らかになりました。それでは、これらのことに私たちが同意しさえすれば、善き人と利口な人についての議論は終わるのでしょうか。そうではないことは明白です。というのも、善を支配する原理と利口さを支配する原理が異なることを信じれば信じるほど、いっそう私たちは、それらの原理を調和させるにはどうすればよいかを考えければならないからです。さもなければ、私たちは、善良な人は利口な人に厳しすぎ、利口な人は善良な人に不作法に振舞いすぎるという、私たちの出発点に戻ってしまうことになるでしょう。善良さにせよ利口さにせよ、人々はどちらか一方の側面だけで十分事足りているとこれまで主張してきました。現象を説明するときには、科学は倫理的に中立であるべきだとされ、そこから、道徳的考慮は無関係であって、科学的な考察だけが重要であるような行為の領域が存在するのだという推論がなされます。逆に、何がなされるべきかを考慮する際には、倫理は善なる意志を必要とし、それ以外の何者も必要としないことが想定されます。したがって、善き意図で十分であるという行為の領域が存在することになります。この後者の立場を考えてみましょう。ルソーもカントもともに、私たちが何をなすべきかを知るためには、善き意志以上のものを必要としないこと、つまり私たちの責務が何であるかを告げるのは、善き意志だけで十分であると考えていたようです。それは小さな集団においては、すなわち私たちが善についての最初の教訓を学ぶような単純な社会においては、自然な態度です。家族や学校やスイスのコミューンのような単純な民主的社会では、人間の行動に関わる技術的な問題は、すべての当事者にとって比較的単純であって、また馴染みやすいものです。問題は、人々の間の合意や共同の意志を確かなものにすることにあります。したがって、重要なことは善なることであって、必要最小限の利口さを皆がもっていることはほとんど当然のこととされているのです。

しかし、この複雑な現代の世界においては、状況はまったく違っています。善き意志を広く世に広め、私たちの属する親密な集団を超えた広範な人々に対する義務をも意識するようになることだけでは不十分です。私たちは、個人的に知り合っていず、そもそも知り合うことなど不可能な多くの人々とともに行動するよう求められます。そして私たちのとる行動の影響は、私たちが直接知っている人々の範囲をはるかに超えて及ぶのです。

私たちは小さな集団においては、人々とその精神を直観的に知ることができますが、現代の複雑な状況においては、同じようにしようとしてもうまくいきません。善き意志を実現しようとするならば、あれやこれやの行為の影響がどのようなものかを科学的に研究し、理解しなければなりません。善き意志だけではもはや十分でありません。もし善き意志が自らの意志を遂げようとするならば、無知や誤解によってその意図することが妨げられたりするのを避けようとするならば、善き意志はその意図の実現のためには科学の助けをかりなければなりません。私たちは善いことと利口なこととの双方を学ばなければならないのです。しかし、善いことと利口なこととは、原理をまったく異にしているので、両者を結びつけることは容易ではありません。

問題を幾分か困難にしているのは、利口さか、もしくは善き意志のいずれかにあまりにも気をとられるあまり、どちらか一方だけでもどうにかやっていけると人々が思い込んでしまうことです。実際その通りになっていて、私たちは、いずれか一方のみを選ぶよう、絶えず迫られています。既に述べたように、善いことと利口なこととは、二者択一の福音として提示されています。あたかも、利口さがなくてすむほどに自分たちが十分善くありさえすればよいとか、善良さがなくてすむほどに自分たちが十分利口でありさえすればよいとか、言われているかのようです。私たちの抱えている問題はすべて技術的な問題だと、あくまでも固執する人々がいます。例えば、マルクス主義は、マルクス主義と早くから対立したベンサム主義がそうであったように、善良さ、勇気、正直がまったくなくともやっていけるほどに、十分効率的で技術的に完全な社会を準備するものとして、いまなおしばしば考えられています。もし人々が、その時間のほとんどを技術的な問題に費やすならば、技術的なもの以外には問題はまったく存在しないと容易に考えるようになるでしょう。この科学的で技術的な時代においては、こうした曲解はおそらく以前にもましてありふれたものとなるでしょう。しかし私たちはまた、それに対する反動にも慣れ親しんでいます。「道徳再武装運動」と呼んでいるものを支持する人々は、あたかも善きことだけが、すべての社会問題のみならずありとあらゆる問題をも解決するかのごとくに、時折語っています。これらの行き過ぎた考えは、幸いにも自己矛盾に陥るようになります。ジュネーヴ人の銀行家についての愉快な物語があります。彼は妻と娘から「オックスフォード・グループ[9]」という名前の集まりに行くようせがまれたときに、「私と私の息子はケンブリッジに留まる」ときっぱりと言ったそうです。

もう一方の、道徳的問題を除外する［技術万能主義］の主張は、同じくこじつけでありながらも、多分理論においては［道徳万能主義］の主張より根強いものがあるでしょう。しかし、それを実際に実践することは不可能であることが極めて明らかなので、その支持者自身の生活が彼の主張を論駁していることになります。いずれか一方だけでは不十分であることを示すことよりもはるかに困難なことは、善いことと利口なこととをいかにして結びつけるか、さらには実践理性と科学的理性とをいかにして本来のあり方に保つかという道筋を示すことです。今の時代、私たちになされる諸々の要求を満たそうとすれば、活動の範囲を個人的に面識のある人々の小さな社会を超えて、広げていかなければなりません。諸々の組織を通して活動し、長距離のコミュニケーションの手段をすべて活用しなければならないのです。私たちは、感覚的経験の限界を超えて、遠く離れた物事を処理し遠く離れた人々と関わることができるようになりました。このことはおそらく、科学的知性が人類に与えた最大の贈り物でしょう。アリストテレスは、住民皆に演説する者の声が届かないほど都市が大きすぎてはならないと述べました。声の届く範囲を広げるのに放送がどれほどのことをしたか考えてみなさい！

私たちの活動の範囲は広くなり、私たちが活動すればどの程度の影響があるかという知識も増えました。現代の政治は、技術に関する知的能力と科学的知性が提供してくれる知識がなければ、まったく何もできないでしょう。しかしこうした範囲の拡大は、一定程度の代価を払って達成されました。プラトンが彼の第七書簡において、知識を得るためのほとんどの手段が難点をもつと述べています。すなわち彼によれば、それらの手段は私たちに、ある事柄がどのような《状態にある》かを教えてくれるのですが、それらを用いて当の事柄のもつ真の個性を捉えようとするとうまくいかないのです[10]。心理学的類型化、それにカード式索引が精緻なものに仕上げられたことによって、人々をより現実に即して取り扱うことができるようになりました。しかし、最も精緻で科学的な分析をもってしても、人々がそれぞれもっている真の個性を捉え損なってしまうのです。まさに善こそ、それを捉える力をもってしかるべきなのです。もし私たちが、人々を最も精緻な方法で選り分け、精緻なカード索引に載せることによって、彼らをあれやこれやのサンプルとして取り扱うだけであるならば、普通の人々が人格として持っている個性に私たちが触れ合うとき、果たしてその個性を常に尊重することができるでしょうか？　私たちが隣人に対して心からの奉仕をしようとするならば、個性を尊重することは、それがどのような形であるにせよ欠かすことができません。善い意志を持つこと、つまり自分の能力《及び》科学的方法のベストを尽くして人類に奉仕しなければならないという信念をもつことだけでは十分とはいえません。そのようにして善き、高貴な働きがこれまでなされてきましたが、それらはベストの働きとはいえなかったのです。というのも、隣人を尊重し理解するためには、知性を働かせるだけではなく、知性を実践に移し、知性をリフレッシュすることが必要だからです。ヒトラーがカード索引の方法を人類に適用することに成功したのは、全く偶然であるとは言えないのです。彼は自分の技術を悪い目的に用いたので、私たちはそれらを善い目的に用いるべきだと言うことは、もっともらしく聞こえます。しかし、その科学的技術は人を管理する技術であり、最も危険な仕事の一つなのです。

私は最近、ケースワークつまり慈善事業への科学的方法の適用の歴史を描いたある論文を読みました。それは、ヴィクトリア時代の最も偉大な女性たちの一人、オクタヴィア・ヒルについての説明から始まっています。彼女は最も有能な女性の一人で、同時に、ジョージ・マクドナルド(11)が小説『牧師の娘』のクレア嬢として彼女を描いたことを知っている人なら誰もが認めるように、彼女は聖者でした。ケースワークの理論への彼女の貢献は、誰かを最善の方法で援助するための力はその人を直接知り、その人と親交をもつことから生まれてくるものだという確信を、彼女が長い経験から得たことにあります。

「性格を知るということは、ある男が大酒飲みかどうか、ある女が不正直かどうか、ということ以上のことを意味しています。それは人々の情熱、希望そして歴史を知ることに他なりません。

どこで彼らは誘惑に駆られるのでしょうか。彼らの中には自分の人生についてささやかな計画を作ってきた人々もいます。作ってこなかった人々にしても、誰かからそうするように勧められていれば作ったでしょう。そうした計画はどのようなものなのでしょうか。彼らは長い人生の様々な局面においてどのような訓練を受けてきたのでしょうか。彼らを動かし、彼らに触れ、彼らを教えるにはどうすべきなのでしょうか。その人の性格を知るとはまさにそういうことなのです。私たちの記憶や希望は、私たちが考えている以上に、私たちの人生の真の意味での構成要素なのです」。

彼女の成功には困難が伴いましたが、それは彼女が無数の些細な事柄に対しても常に誠意をもって配慮したことによるのです。彼女はかつて言いました。「実際問題、小さなことにいつまでも配慮する煩わしさを免れることができるならば、どれほど莫大な費用がかかっても、それで仕事が従来通りに片付くならば、コストとしては小さなものでしょう。しかし、そんなことをして仕事が片付くはずはありません。些細な事柄といえども、全体のプランと同じくらい高潔な指針にのっとって処理されるときにのみ、本当の意味で善い仕事ができるのです」。オクタヴィア・ヒルは、利口であってしかも善良であることも、また善良であって同時に利口であることも、いずれもまずありえないということを見事に証明したのです。そしてケースワークのその後の歴史を読むと、人間的で人格的な人は要領が悪く、センチメンタルになりやすく、逆に効率的で科学的な人は、冷酷で非人間的になりやすいことがわかります。

サンドバークは『エイブラハム・リンカーンの生涯[12]』の中で、リンカーンがホワイトハウスを絶え間なく訪れ、その階段の手摺りに刻み目をつけ、ドアの把手を滑らかにし、自分たちの要求や用事を語る多くの人々をいかに大切にしたかという注目すべき逸話をのべています。大統領という最も重要な公職にあって、戦争による過度の重荷を負いながらも、なお彼は週に二度は午後の時間ずっと、誰でも彼と会って語りたいという人の話に耳を傾けたのです。

「ハルパインはリンカーンに言いました。『そもそも大統領はどうして、自分をすり減らしてまで、この毎日のように行列をなし、ひしめきあい、ホワイトハウス以外のところでも対応できるような些細なことを要求する人々と会おうとするのですか。ハレックの事務所ではそうした人々に対応する手順が用意されています。十件のうち九件までは、最高司令官（リンカーン）のところから部局や課にまわすことができるので、最高司令官が彼らのために何もすることができないと説明されるなら、彼らはたいていの場合満足して帰っていきます』。

『ああ、なるほど！』とリンカーンはハルパインに厳粛な顔つきで、夢でも見ているように言いましたが、あたかも何度も何度もそのことを考えてきたかのようでした。『そういうことは君たち軍人にとっては、君たちが自由裁量で決めた規則の下では、そして君たちの軍隊生活においてはまったく当然なのでしょう。しかし、大統領の事務所は本質的に市民のものなので、事情が違うのです。私自身、時間の負担は重いが、ごくごく普通の人々と直接触れ合い、その雰囲気に浸ることに使う時間ほど私の一日において有益な時間はないと思っています。役所の中しか活動範囲を持たない人々は、役人的な考え方しかできなく——そういう考え方が恣意的だとは言いませんが——なりがちです。そして日々の経過と共に、自分たちが権力を保持しているのは自分たちが国民を代表する立場にあるからにすぎないのだということをますます忘れがちになるのです。これはまったくよくないことです。私は毎週二回、私に用件があるという人々すべてに応対するために混雑の中へ出向きます。また聴いてもらう機会を希望する人々は皆、床屋で髭を剃ってもらうのを待つように、順番を待たなければなりません。私が聞かされた事柄の多くは、まったく取るに足らないことですが、そのほかに多少とも重要なこともあります。しかし、それらすべての経験のおかげで、あの多くの人々の集いのイメージが私のうちに鮮やかに生き生きとよみがえります。その集いの中から私はこうして選ばれ、また二年後にはその集いへと戻らなければならないのです』。

『ねえ、少佐』——彼は半分目を閉じたまま独り言のように語り続けていました。しかし今やハルパインには、それが独白以上のものであることがわかったのです。——『あなたに言いますが、私はそのような人々への応対を《世論に浸る浴室》と呼んでいます。というのも、私には色々な新聞を読んで世論に触れるための時間がほとんどないからです。だから一人一人に応対すること自体は、愉快なこととは言えませんが、そのことから得られたことすべてによって、私は鼓舞され気分を一新するのです』。

そして、リンカーンの最大の後継者を失ったことの衝撃のさめやらぬこの時点において、私が感銘を受けたあることについてお話しておきたいのです。ヴィナント氏がわが国にやってきてまもなく、彼がある小さな団体に自分の上司が何を目的とし、どういう希望を抱いた人物であるかを説明しているのを、私はたまたま聞きました。私は何と貴重な経験をしたことだろうと感じながら立ち去ったのですが、それは巨大な権力を持つ立場にありながら、しかもその権力を純粋で思いやりのある目的のために用いたいと語る一人の人間の言葉を聞いたからです。その大統領は、巨大な権力に支えられ、現代のアメリカの組織化された精神の持ち主であったことは確かなのですが、その彼がこう語るのです。世界は飢餓の人で満ちあふれている――だから、彼らに食料を与える最善の方法を考えようと。世界は裸の人で満ちあふれている――だから、彼らに着物を着せる方法を考えようと。世界は病気の人で満ちあふれている――だから、彼らを治療する方法を考えようと。そして世界は貧しいがあまりに道を誤った人で満ちあふれている――だから、彼らに福音を伝えようと。後世の人がエイブラハム

・リンカーンと比べてフランクリン・ルーズベルトのことをどう評価するか、私にはわかりません。彼らがルーズベルトを聖者の列に加えることはまずないでしょう。多くの点で、両者にはかなりの違いがあります。しかし彼らは二人とも、時に応じてあまりに利口すぎると、それぞれの敵をして言わしめるような傾向を持ち合わせていたことは確かです。なるほど、フランクリン・ルーズベルトが利口な政治家であったように、エイブラハム・リンカーンも時に応じて利口な政治家でありました。しかし両者いずれも、その利口さを善きことの手段として用いたのです。両者の場合、どんなに巧みな手段を用いても目的の純真さを歪めることはありえなかったのです。かくして両者が証明したのもやはり次のことだったのです。

「利口であるのと同じくらい善良であることのできる人物がどれほど稀であるか。
あるいは善良であると同時に利口であることのできる人物もどれほど稀であるか」。

それでは、これまで述べてきたことのすべてから、結論としてどういうことが導きだせるでしょうか。それは以下のようなことでしょう。善きことの意味合いについて検討してみると、それは、何らかの種類の洞察や認識を意味するというよりもむしろ——もちろんそうしたものが退けられるはずはないのですが——大きなスケールで物事の全体を見据えつつ、理性的な意志をもって行動しようとする気構えがあることを意味していることがわかるのです。そのことが最も純粋な形をとるのは、すべての人を尊重するようなコミュニティの構成員として個々人が活動するとき、ひいては目的の王国の構成員として進んで活動しようという気構えをコミュニティ自体がもつときなのです。（もしそのコミュニティがその域まで達することなく、［個人よりも］社会自体が目的なのだと主張するならば、善きことは悪へと歪められるでしょう。）そしておそらくそのことが、創立記念日にあたっての私の講演のよい結びとなります。というのも、その結論によれば、私たちが善きことを学ぶのは、自分自身を越えた普遍的な何かのために捧げられたコミュニティの構成員であることを学ぶことであって、そしてそれは確かにこの大学がなさなければならないことなです。

訳注

（1）　エリザベス・ワーズワース（Elizabeth Wordsworth 一八四〇—一九三二年）は、一八七八年オックスフォードのレディ・マーガレットの学寮長となり、その後ヒュース・カレッジを創設するなど女子教育に尽力をつくした。彼女は、ウィリアム・ワーズワースの甥の娘。

（2）　ナツィアンスのグレゴリウス（三二九—三九〇年）は、ギリシアの教父。彼が三八〇年にコンスタンティノポリスでなした五つの演説は、正統的三位一体論を擁護する卓論で、西方にも早くから影響を及ぼした。このため彼は、「神学者」と称された。

（3）カント「美と崇高に関する観察のための覚え書き」（『カント全集』、理想社、第一六巻）。二五九頁。

（4）前掲書、三〇六頁。

（5）ジョンソン博士（Samuel Johnson 一七〇九―一七八四年）は、イギリスの文豪。彼は正統派の信仰を固守し、あらゆる虚偽を憎む真摯な道徳的態度をもって人生の実相を把握しようとした。彼はイギリス国民の理想的人物として今日まで慕われている。

（6）ポズナップ氏は、ディケンズの『互いの友人』（*Our mutual friend*）に出てくる自己満足に陥っている人間。

（7）ドストエフスキー、米川正夫訳『カラマーゾフの兄弟』の第六編「ロシアの僧侶」（岩波文庫、第二巻、一四五頁以下参照）。

（8）リップマン（Walter Lippmann 一八八九―一九七四年）は、アメリカのジャーナリストであり哲学者。また『ニューヨークワールド』誌の編集者で、『ニューリパブリック』他五十誌あまりに三百近い論文を寄稿した。政治学者としては『世論』（一九二二年）が有名で、社会心理学的立場から世論の非合理性とその合理的調整の必要性を力説した。

（9）オックスフォード・グループ――家庭やクラブなど少数者の会合を通して、キリスト教信仰生活を強調する運動。アメリカの Frank Nathan Daniel Buchman（一八六七―一九六一年）が主張し、イギリスでは一九二一年オックスフォードの学生に共鳴者を獲得し、各国に普及した。

（10）プラトンは、知識を手に入れる場合に必ず依拠しなければならないものとして、「示しことば（オノマ）」、「定義（ロゴス）」、「模像（エイドローン）」、「知識（エピステメー）」の四つを挙げ、それらの限界についても次のように述べている。「のみならず上述の四者についても、事情は同じなのであって、それらのおのおのがもつ不明確さは、説明すれば際限もないが、なかでも重大な点は、ついさっき述べたこと、すなわちおよそものにはまさに『何であるか』ということと、『何に似ているのか』ということの二通りがあり、われわれの魂が知りたいを求めるところは、『何に似ているか』のほうではなくて、まさに『何であるか』のほうなのであるが、かの四者のおのおのは、求められていないもののほうを、ことばなり、具体例なりによって、魂の前に差し出してくるという点である」（長沢公一訳「第七書簡」、『世界の名著7　プラトンII』所収、四六四頁。）。

（11）ジョージ・マクドナルド George Macdonald（一八二四—一九〇五年）は、スコットランドの詩人、小説家。平信徒として説教した。

（12）サンドバーク（Carl August Sandburg 一八七八—一九六七年）は、アメリカの詩人。彼はホワイトマンの伝統に立ち、工業都市シカゴの鉄と煤煙、中西部の草原や民衆をうたう社会主義的人道主義の詩人であった。また彼はリンカーン研究の権威であり、*Abraham Lincoln: The prairie years*（二巻本、一九二六年）、*The war years*（四巻本、一九三九年）がある。

3　パウロとキルケゴール（一九四八年）

一　テサロニケ人への第二の手紙三章一八節

「どうか私たちの主イエス・キリストの恵みがありますように」。

この聖句自体は他のパウロの手紙にも出てきますが、私はあえてテサロニケ人への第二の手紙に出てくる聖句を選びました。というのもその前の節では、パウロがこの聖句を用いる際の彼固有の仕方を強調しているからです。

すなわち一七節には、「パウロが自分の手であいさつを書きます。これは、私のどの手紙にもあるしるしです。これが私の手紙の書き方です」と記されています。「私たちの主イエス・キリストの恵み」という言葉は、パウロのしるしであり、彼がしばしば「私の福音」と呼ぶものを要約した表現です。そしてこの表現は、ほとんどの彼の手紙の最初と最後になされているあいさつにおいてのみならず、彼が語るべきメッセージのすべてにおいて、何度も何度も用いられています。

私たちの祖父母が絶えず、夢中になって関心を抱いたあのパウロの壮大な教義は、私たちの主イエス・キリストの恵みという考えの上に建てられています。絶望と迫害の重圧を経験したドイツのキリスト教は、パウロの神学を［キリスト教の］中心的立場に位置づける本来の姿に立ち返りました。しかし今日の私たちにとってこの神学は馴染みがなく、疎遠で非現実的であるように一見思われます。しかしそれは、もし私たちがその中に入りこむならば、私たちすべてが理解し、そして評価することのできるものなのです。

もし私たちが理解しようとする努力を払うならば、私たちは多くの人々が今日軽蔑している古くからの福音主義的キリスト教（old Evangelical Christianity）の中に、すばらしいものが含まれていることに気付くことができます。しかし私たちがそれを過去の遺産以上のものとみなすことは極めて困難です。私たちはそれを理解することはできますが、現実には共有できないのです。しかし私たちは、パウロの主要な教義が時代の変遷の中で絶えず新たに呼び覚まされてきたので、それが人間の根本的で永続的なものに基礎づけられているにちがいないという確信を持つことができます。もしその教義が、私たちの直接の必要や問題に対する解答であると思われないとするならば、その古くさい表現がその真の意味を覆い隠しているからにちがいありません。もしパウロの主要な教義がどのようにして成立したかを私たちが理解することができるならば、それが何を中心的なテーマとしているかも理解することができるでしょう。つまり私たちは、「恵み」（grace）の観念、——それは言葉の通常の意味では美の観念と不可分ですが——が、神の本性を啓示するものとして、並はずれた形而上学的重要性を獲得せざるをえなかったことを理解することができるでしょう。

そのことをはっきりさせることこそ、今私が試みようとしていることです。私は最初にデンマークの作家キルケゴールからの引用によって始めましょう。私はキルケゴールの言葉によって鼓舞されて、この問題を考え始め、あなたがたにこの問題について語りたいという気持ちを抱くに至ったのです。

キルケゴールは、一九世紀の四〇年代と五〇年代に文筆活動を行いましたが、いやしくも一般に知られ、評価されるようになったのは、やっと最近になってからでした。もっともニーチェは、ドストエフスキーとキルケゴールが考慮に値するただ二人の近代のキリスト教哲学者であることを宣言していました。ここで引用するキルケゴールの言葉は、私がこれから展開していく議論の最初のものではなく、事柄全体の最後の結論を述べているものです。それは、注目に値するものです。それは良く知られ、少なくとも古くからある神学的教義を、極めて独創的かつ印象的に述べたものなのです。その言葉の力強さは、鋭敏で洞察力を有する道徳的認識は常にまた神の本性の啓示であるという仮説に依拠しています。私はこの仮説を後に検討したいと思いますが、それは今夜ではなく、最後の夜にするつもりです。

キルケゴールの言葉の引用は長くなりますが、それだけの価値のあるものです。

「神は善をなしながら悪をも許されるなどと殊更に言わなくても、神の善性、全能および悪との

1　テサロニケ人への第2の手紙3章18節

関係という問題の全容は、恐らくこんなふうに単純に説明できると思う。神のなされる最大の善は万物に波及するほど、万物のいかなる存在目的よりも壮大なものとして、万物を自由にする。そのためにこそ、神の全能が必要なのだ。とりわけ神の全能は事物を完全に従属せしめる――少なくともそのように見える――力なのだから、いま言ったことは奇妙にきこえるはずだ。けれども、神の全能を正しく考察すれば、この神の全能の行為の結果、すべてが自主独立のものになる。このように全能者の全能が現されるまさにそのあり方のうちに、明らかに神の全能はみずからを取り戻すという特質を持つことがわかる。一方、ひとりの人間はもう一人の人間を完全に自由にすることはできないが、それはなぜだろうか。そのわけは、人間は権力を握ってそのとりことなると、必ずや自由にしてやりたいと思う当人と誤った関係をとり結ぶことになるからだ。すなわち、どんな権力といえども、それが有限なものである限り、有限の自己愛しか含んでいないということなのだ。ひとり全能者たる神のみが、惜しみなく与えながら、みずからを取り戻すのだが、神と人間との間には神を受容する者の自主独立以外の関係は存在しない。したがって、神の全能は神の善性の現われにほかならない。なぜなら、神の善性とは完璧に与えつくすことにあるからで、しかも次第にみずからを取り戻しつつ、この善を受けとる者を独立した、自主的な存在にするのである。有限な権力からは従属しか生まれないのに、ひとり神の全能のみが人間の自主独立を実現し、永続的な無からの創造を可能にするのは、この神の全能が常にみずからを取り戻しているからに他ならない。全能は、人と人との関係においては含まれていない。そして全能が関係を持っているものは何もないので、全能はほんの少しの力も失うことなく、その力を与えることができる。それは他の者を独立した存在にすることができるが、そのことは想像もできないほどである。全能はすべての事物の中で最も堂々としたもの、つまり目に見える世界全体を生み出すことができるだけではない。神の全能の御手は、世界に重圧を加えることもできるのに、軽く触れるだけで被造物を自主独立なものにする。されば、権力は事物を強制的に従属せしめるのに比例して一層強大になるという言明は、悲惨な世俗的権力の弁証法を証してあまりある。ソクラテスは、事態の核心をもっと的確に把捉していた。すなわち、人間を自由にすることこそ、権力行使の技量があるというのである。けれども、たとえそれを最高善として絶えず強調する必要があるとしても、それは人間の世界では決して実現されえないものである。まことに一人全能者たる神のみがよくそれをなしうる。私は、すべてのものを保持しながらも、私を独立したものにした神に、全存在を負っているのである。もし神が人間を創造するためにそのすべての力を失っていたとするならば、神は人間を独立したものとすることができなかったであろう(1)」。

このキルケゴールの言明の多くは、神学的思弁と呼ばれるものです。それは私たちにとって、かなり曖昧な響きを持っているかもしれません。というのも私たちは、神の本性についてのいかなる思弁

1　テサロニケ人への第2の手紙3章18節

の前提条件や妥当性についても、極めて曖昧な観念しか持っていないからです。しかしそのことはそっとしておいて、次の二つの文章で示されている道徳的な観念についてしばらく考えてみましょう。「神の善性とは完璧に与えつくすことにあるからで、しかも次第に自らを取り戻しつつ、この善を受け取る者を独立した自主的な存在にするのである。」「権力は事物を強制的に従属せしめるのに比例して一層強大になるという言明は、悲惨な世俗権力の弁証法を証してあまりある。ソクラテスは事態の核心をもっと的確に把握していた。すなわち、人間を自由にすることこそ、権力行使の技量があるというのである」。

この種の与える行為こそ、人が恵みと呼んでいるものです。ルカの福音書の中に、この言葉が使われている注目すべき例があります。マタイの福音書には、「自分を愛してくれる者を愛したからといって、何の報い（misthos）が受けられるでしょう」（マタイの福音書五章四六節）とありますが、ルカの福音書では、「何の良いところ（charis）があるでしょう」（ルカの福音書六章三二節）と記されてあります。Charis というのは、教会法が述べているように、「新しい事柄に対する新しい言葉」です。イエスは山上の説教において、私たちは他の仲間に対して、彼らが私たちに対してしたと同じようにしてはならないと教えられました。つまり、善には善を、悪には悪をではなく、「あなたをののろう者を祝福しなさい」（ルカの福音書六章二八節）と教えられました。私たちは、どこに《私たちが》行こうが、そこから何を《私たち》が取るかにかかわらず、善をなし続けるべきです。私たちは、一般の道徳が多大な関心を抱いている要求と反対要求という相互性の領域、つまり権利と義務の領域を越えて、恵みの行動へと進んでいかなければなりません。そして私たちにそのような命令を課すことは、神の全能を示すなにものかに対して、私たちの心の眼が開かれることなのです。恵みの領域は、——私が以前福音について語る際に示そうと試みたように——相互性と規則の領域、つまり状況の必然性や何が当然と考えられるべきかを認識する領域を軽蔑するものではありませんが、絶えずそのような必然性を越えて、予期されず、また要求もされない行動へ進んでいくのです。私たちは、そのことを知る時に、恵みを理解することができます。そして私たちは皆、もし誤った理論が私たちを無分別にしないならば、絶えず他の人々の中に恵みの何たるかを見ることができます。ただ私たちのような普通の人々の場合にのみ、そのような恵みは弱く、また不確実です。しかしそれは、そこに存在するのです。私たちは、家族のような単純な人間関係の中に、恵みの作用を最も明瞭に認めることができます。家族は、家族の規則を持ち、また持たなければなりません。家族は、経済的な必要に根ざしています。生活するために獲得すべき一定の所得があり、多かれ少なかれ果たすべき特定の義務が多数あります。しかし健全な家庭においては、物事のそのような側面はすべて、「当然のこととみなされます」。なぜなら権利と義務、負債と債務は、どこでも恵みを離れてはありえないからです。私たちは議論したり取引したりしないで、お互いのために何かをなします。というのも親切なことをする

1　テサロニケ人への第2の手紙3章18節

のは、とても楽しいことだからです。そのような単純な関係が自由や他人の人格に対する尊敬の上に築き上げられる時、何かすばらしいものが生じてくるのです。それは強制されえないものです。これらのことは、律法によってではなく、恵みによって生じなければなりません。

このことはすべて基本的なことであり、十分に明らかなことです。一層感動的なことは、キルケゴールがこの恵みを権力と自由に、つまり正しい権力の行使――それを行なうことは大変難しいので、全能の力を必要とする――と結びつけたことです。私たちは、取引のモラルを調整する自己利益という動機、また「命じられたようにする」（do ut des）領域を越えて行く時に、何が生じるかを自問自答することによって、［キルケゴールの試み］の意味に一層近付くことができます。この広い領域に私たちを連れ出すのは一体何なのでしょうか？　人が自分に期待される以上のことをするには、おおざっぱにいって二つの異なった動機があるように思われます。その一つは、自己に対する高潔なプライドであり、最高の自己表現に対する関心です。そこには、自己に要求されたことだけをなすことは、自己の品位にかかわるという信念があります。私たちのプライドは、無知で愚かな人々がどのように振る舞おうとも、それは賢明な私たちにとって何だというのかと問うでしょう。何か利益を得る目的で多くの人々を喜ばせたり、彼らに仕えたりする人はだれでも、自分の中にある最高のものに値しない何かを行なっていることになります。自分をこの世の汚れから守ることは、彼自身の責任です。つまり自分がなしえる最高のものを認識し、自己の中にある低劣なものを静めてコントロールするために、思考と規律によって自己自身を訓練することは、彼の責任なのです。

概して、そのことはギリシア哲学が私たちに教えてくれたもののように思われます。

「私は誰とも戦わなかった。というのも誰も私の戦いに値しなかったからである。
私は自然を愛した。自然の次には芸術を愛した」。

またそのことは、国家における正義――それは、他の人々に対する正しい行為を要請する――が魂における正義――それは自己の中にある諸要素をそれぞれ正しい関係に置く――の二次的な表現にすぎないと主張するプラトンの教説の中にも示されています。人がまず魂において正義を行なうならば、そこから他の人々との正しい関係がおのずと生じてくるというのです。しかしその哲学には、基本的に他の人々がどこにも存在しないと言えます。賢明な人間は、他の人々の苦しみによって心を動かされたり、妨げられたりしてはならないのです。つまり彼は苦しんでいる人々を助けるでしょうが、遠い地点からそうするにすぎないのです。

こうした考えは、一つの理想、貴族主義的な理想であり、多くの点において強い影響力を持っている理想です。私たちはその理想を貴族主義的と呼びますが、そうした理想に従って行動することは一見思われるよりも容易なのです。それは私たち皆の中にある生れながらのプライドに訴えます。しか

1　テサロニケ人への第2の手紙3章18節

しこのストア派の賢人の理想を福音の教えと比較するならば、その違いは驚くべきものです。イエスは圧倒的に、自分の周囲にいる人々、そして彼らの喜びや悲しみに関心を抱かれました。イエスの善（goodness）は、高貴さ、自発性そして自然さという明らかな恵みの性質を持っていました。しかしそれはまた、葛藤や忍耐をも含んでいました。というのもイエスは、人間の苦しみに対する無私の同情によって満たされており、当時の現実に対して鈍感なエルサレムのために涙されたからです。

私たちは、ギリシアの理想が自分自身に対する関心を示しており、キリスト教の理想が他人に対する無私の関心を示しているというふうに要約することができないことを、理解すべきです。

私たちが必要としていることをなすことと、他人が必要としていることをすることを比較対照しても、そこから私たちは先に進むことはできません。私たちが必要としているものは正しいことかもしれないし、他の人々が必要としているのは悪いことかもしれません。私たちは、公衆が必要としているものを公衆に与えるというモットーによっては、非常に高い道徳を獲得することができないのは明らかです。福音書に描かれたイエスは、男女がどのような生きる素質を持っているかに関心を持っておられました。イエスが取り除こうとされた悪は、それが肉体的な悪であろうと、霊的な悪であろうと、彼らが彼らの最高の真の自我を認識することを妨げていた悪でした。ギリシア的な見解とキリスト教的な見解は、ある種の生活や行動と別の種のそれとの間に質的な相違が存在するという認識を共有しています。それは共に、善が自由を含んでいること、強制された善という言葉は形容矛盾であることを想定しています。しかしイエスが人間を取り扱い、関心を抱き、そして具体的に関与されたそのあり方から、この恵みの観念が生じたのです。それは、単に人間を創造したのみならず、人間を自由にするものでした。

あなたがたは気付かれたかもしれませんが、キルケゴールは、ある人が他の人を自由にすることができないと考えています。ある人の他の人に対する権力の行使は、いつも人間の有限さによって汚染されています。人は自分の恐れや小ささを自分が行なうことの中に滑り込ませるので、キルケゴールの言葉を借りれば、ある程度までしか自らを取り戻すことができません。したがって人は他人を自由にする代わりに、自分自身や自分の性格を押しつけるのです。

このことを過度に強調することは、人間を自由にし、人間を自分自身の中にある真実なものに立ち返らせる――そのことをキルケゴールは耐えず主張するのですが――神の全能の働きを否定することになることは確かです。しかし私たちが「私たちの主イエス・キリストの恵み」を真似たとしても、私たちが不完全にしかできないのは明らかです。にもかかわらず、人間の行動の新しい様式と動機は、キリストの模範によってもたらされ、キリスト教社会において特有な推進力となりました。すべての高貴なものと同様に、キリストの模範も曲解される可能性があります。しかしだからといって、そのすばらしさや、その模範に従って行動する私たちの義務が弱まるわけではありません。もしストア派の動機が人間自身の生活の可能性に対する関心として描かれるならば、キリスト教の動機は生活自体——つまりこの人やあの人といった著名な人の生活ではなく、すべての人の生活——の可能性に対する関心として表現されるでしょう。私たちは、神の子が「多くの兄弟たちの間で長子となるために」、神の子の姿に変えられていく必要があるのです。

次の日曜日には、このキリスト教特有の行動様式と主の恵みの模倣について、より詳細に検討したいと思います。

二　ヨハネの福音書一〇章一〇節

「私は彼らが命を得、それを豊かに保つために来たのです」。

私は今夜、初代のキリスト者たちが「私たちの主イエス・キリストの恵み」と呼んだ聖霊が日常生活においてどのように働いているかについて述べてみたいと思います。私は先週、恵みの働きと、高貴ではあるが自己満足したプライドにおいて働いている動機とを対照しました。後者は、自分自身や自分の中にある人間としての性格を高貴あるものと考え、自分の理性にふさわしくないものは何事もせず、ただ二次的にしか他人に対して関心を抱きません。これに対して恵みは、自己中心的ではなく、自分の外側に働きかけます。この恵みの特質が人間と神との関係に適用される時、それは人を《贖う恵み》(redeeming grace)と呼ばれるものになりました。そして贖い(redemption)という言葉は、私たちにとってはドグマ的・神学的意味を持つようになりましたので、私たちは日常の人間相互の関係について語る際に、その言葉を単純に使うことはできないのです。とはいえ私は今、次のことを想起したいと思います。すなわち、古い表現がもはや私たちの役に立たず、キリスト教の初期の歴史に関心を抱くことから私たちを遠ざけるとしても、私たちの社会における人間関係の諸形式が初代のキリスト教共同体において発生したものに多くを負っていることはなお真実なのです。

スタートの時点では、それらすべてがいかに驚くべきものであったかを考えてみて下さい。ガリラヤの小さな丘の町に住む一人の名もなき大工が、人々の注目を引き始めました。彼は、子供を含めた彼の周りのすべての人々に対して気取らず、自然に優しく振る舞ったので、彼の生活様式は人々を驚かせ、彼に対する注目を引き起こしたのです。後に彼に最も近い弟子たちは、彼の特質に恵みの名前を与えるようになり、それこそが神の本質の新しい啓示であると信じ始めたのです。人々は、新しい光に照らされて、人間に対して神がどのように働かれるかについての新しい理解力を持つようになったのです。

私が先週の日曜日に読んだ引用文において、キルケゴールはこの種の神の善（goodness）と人間を自主独立的なものにする力とを同一視しました。彼は、人間を長い間悩ませた神の全能と神の愛との一見矛盾した関係を、被造物を自由にするのは神の全能であると言うことによって、和解しようとしたのです。今夜私は、このキルケゴールの考えを、キリスト教の恵みとその倒錯を理解する手がかりとしたいと思います。

もしあなたがたがイエスの生涯について書き記したマルコの福音書を通読されるならば、奇跡がそこにおいて多くのスペースを占めていることに感動せざるをえないでしょう。ナザレのイエスは、教師であり、また癒す人でした。群衆は癒されるために、また彼の言葉を聞くために、彼の所に来ました。そして私たちは、中風に悩む人の物語を通して、イエスが肉体の癒しと魂の癒しとを基本的に区別されなかったことを知っています。肉体の病気の癒しから、悩める心の癒しや悪霊の追い出しを経て、サマリヤの女やニコデモ、そしてザアカイに対するイエスの取り扱いに至るまで、自然な流れが存在します。私たちは、イエスが羊飼いのいない羊のようであった重い皮膚病の人や群衆をいかに哀れまれ、多くのことを教え始められたかを考えて見ましょう。

イエスは彼らの苦しみに心を動かされ、彼らを憐れまれたのです。また肉体や魂、そして生活において問題を抱えていた男性や女性を助けるために、彼のすべての力を行使されました。しかしこれらの種類のいやしには相違点がありました。肉体のいやしは、心の癒しに比べると単純でした。また心の癒しは、人間の生活ないし魂のいやしに比べると単純でした。それは、肉体の悪が明らかで、それに苦しんでいる人々によって感ぜられたからです。そして肉体の健康はすべての人々にとって、つまり患者にとっても、病を癒す人にとっても同じことを意味していました。盲目のバルトロマイは、彼の視力を癒したいと願っていました。したがって、人間の肉体を癒すために力ないし知識を用いる際に、その力を乱用してその人を従属させないようにすることは比較的簡単だったのです。治療する人は、病気にかかっている人に自分の健康についての考えを押しつける必要はありませんでした。彼らは前以て、健康についての考えを共有していたのです。そして治療する人は、病気を患っている人々が自分の所に来て、病気を直してもらうよう依頼するまで待つことができました。癒す人の力は、肉体が正しく、かつ適切に機能するための障害を取り除きます。その力は、極めて単純に人間を自由にする力なのです。彼は、病気を患い、助けを求める人々に、一層豊かな身体的生活を与えることができるのです。

かくして、伝道（mission）の最も辛辣な反対者であっても、例外的に医療伝道は支持します。彼らは、人間の肉体の病気を治療するためにやってくる医者には、反対することができないのです。しかし彼らは医療的な救済に伴う、あるいはそれに続くいかなる伝道にも反対するかもしれません。彼らは、これらの医師が心を動かされて、自分たちと全く関係のない人々の肉体的苦しみに関与する原因となったキリスト教の力について、自問自答しようとはしないのです。彼らは、人間の肉体を癒すために人々が来ることを歓迎します。しかし彼らは、肉体とは異なる他の領域の病気の癒しに関して、イエスに従うことを拒否するのです。

私がすでに示唆したことですが、そのような態度には明らかな理由が存在します。人間の肉体を癒すことによって、癒された者を癒す者に従属させるというようにその力を悪用することは、それ自体としては困難です。しかしイエスが行なわれた他の種類の癒しの場合には、事情が異なっています。悪霊に取りつかれた者は、癒されることを求めてイエスの所には来ませんでした。彼らは、彼らの親族によって連れて来られたのです。哀れな悪霊にとりつかれた人自身は、また彼らの中にいる悪霊は、イエスの所に行くことに反対をしたのです。私たちが福音書の中で見るケースは、肉体の癒しとほとんど同じものとみなされる明白なものでした。しかし現在私たちは、心の病を綿密かつ注意深く研究しますし、精神医学といううれっきとした学問や精神科医を有しています。したがって私たちは、心を癒すことが、いかに難解で、微妙で、危険な事柄であるかを認識する責任があるのではないでしょうか？　というのも健康な体の場合のように、健康な心の単純な規範が存在しないからです。この分野においては、ベストだとはいえませんが、私たちが多かれ少なかれ心の病を持っており、異常であることを告げる精神科医がいます。彼らは、彼らが分類するあれこれのタイプに私たちをあてはめて、私たちを取り扱わなければならないと語ります。心を癒す人が、人間を自由にするために自らの力を行使しようとするならば、その人は人間の心やその無限の可能性について、肉体の場合よりもはるかに複雑な知識を持つべきです。また彼は、一般の医者が意識して身につけようと努力する以上に、他人の他者性（otherness）に対する尊敬の念を獲得しなければならないのです。

こうした区別は強調されすぎてはなりません。それはまさに、肉体と心と魂の間の相違が強調されすぎてはならないからです。というのも一般の医者は、彼の感受性や人格によって、患者の肉体以外のどこに問題があるかを洞察する力を持っているならば、それだけ一層効果的に肉体を癒すことができるからです。しかし、もし私たちがこうした区別を強調せず、肉体の癒しと心の癒しが条件づきで区別されるにすぎないことを認識したとしても、依然として、心の癒しは肉体の癒しよりも大きな力を取得すること、そしてその大きな力を行使することは肉体の癒しの場合より困難なこと、そしてその力は肉体の癒しの場合よりはるかに悪用され、――肉体の癒しの場合にはほとんど起こらないことですが――癒される者を異常なほど癒す者に従属させる手段となりえるのです。

更に、男女の生活を健全にし、彼らを悩ましている不満や無力さの感情から彼らを解放するためには、心の癒しより一層複雑で困難な力の行使を必要とします。私たちは、彼の所に来た人々をイエスがどのように取り扱われたかを読む時に、イエスが紋切型の言葉を語られたのではないことをはっきりと知ります。イエスは本能的に人々の中にある相違、つまり彼らの要求の相違を認識されました。助けを受けた人々は、力や自由をイエスからいただいたことを知りました。人間が自分自身であることに対する彼の関心は、彼の弟子が彼に過度に依存していたことに対する心配に示されています。かくして、イエスは弟子に、「私があなたがたのもとを去ることは、あなたがたにとってよいことです」と語られました。

私はある任務を与えられてインドに行き、キリスト教の大学を視察しました。そして私たちは、インドが最も必要としているもので、キリスト教が与えうるものは何かについて議論しました。その結果私たちはそれを、「科学的な精神をあわれみ深い心に奉仕させること」と表現しました。というのも私たちはキリスト教のないインドを見た時に、そこに科学的精神を見、そしてあわれみ深い思いやりのある心を見ましたが、それらは互いに無関係に働いているように思われたからです。それどころか、それらが相互になんらかの関係を持つべきであるという考えすらも存在しませんでした。キリスト教が提供しなければならない独特の贈り物は、インドの他の二つの大きな宗教［ヒンズー教とイスラム教］が提供したものとは異なる何かであるように思われました。それは知識と愛を結びつけることであり、科学をあわれみの心に仕えさせることでした。もしあなたがたが、福音書のイエスの働きに示された恵みの性格を考慮するならば、あなたがたはいかに恵みがキリスト教に特徴的な贈り物であるかを知るでしょう。しかし今私は、私たちがその時に見いだした表現につけ加えて、「科学的であり、《また人を敬う》精神をあわれみ深い心に奉仕させること」と言わなければならないでしょう。なぜなら考えてもみてください。もし私たちがお互いを自由にするために、互いに仕えあうべきならば、私たちにはあわれみの心が必要です。またそのためには、私たちの支配が他の人々の生活の力を委縮させる危険性を真剣に警戒する感受性が必要です。そして私たちはまた、人に対する同情と配慮が、もしそれらが知識によって生気を吹き込まれていなければ、役にたたないことも知っています。しかし逆に知識が最も役立つためには、それはイエスがはちきれんほどに持っておられた、あのすぐれた洞察力を持つ必要があります。そして精神が科学的な知識に通じている以上のものであるためには、人を敬う心が必要なのです。

というのも科学的知識は、もしそれが人間の才能や可能性に秘められている多様性に対する尊敬によって、またそうした多様性や可能性を判断する基準に対する尊敬に伴われていなければ、他人を自由や独立したものにするためではなく、他人を依存させ、奴隷にするために使われるかもしれないからです。

キリスト教は、それが伝道を主とした宗教であるという理由でしばしば攻撃されてきました。伝道を重視することは、キリスト教の栄誉です。人はどうして自分自身が解放を経験した教えやメッセージを受け取っていながら、それを他の人々に伝えないということがありうるでしょうか？　またイエス・キリストの恵みの意味を知りながら、すべての病気や無力さに対して関心を寄せないことがありうるでしょうか？　また自分自身が受けたと同じ助けを求めている人々すべてに対して関心を払わないことがありうるでしょうか？

しかし他方において私たちは、恵みを権力への欲求のために悪用し、私たちの霊的賜物と力を他人を自由にさせるのではなく従属させるために用いることがいかに容易であるかを認識すべきです。そして私たちは、このことが絶えずキリスト教の名でなされてきたことを認めるべきです。伝道自体が帝国主義的な目的のために使われてきました。それは今日よく聞かれる非難です。そのことを最も得意げに非難する人々の考えが必ずしもすべて正しいとは限りませんが、そうした非難の中に幾許かの真理が含まれているのも事実なのです。したがって私たちにとって更に重要なことは、キルケゴールが指摘している事実を認識することです。つまり不完全な人間は、他人を助ける時に必ずや何かを他人に押しつける、という指摘です。他人が自分たちのあり方で自由になり、彼ら自身の最も良き可能性を発揮し、私たちの賜物ではなく《彼ら》の賜物を完全に活用するように彼らを助けるためには、それだけの信仰と勇気と想像力が必要とされます。他の人々の中に新しい力を呼び覚ますことが、私たちにとって不都合な結果をもたらすかもしれません。また私たちは、他の人々の頭の中に新しい思想を入れることに躊躇するでしょう。というのも新しい思想がクリスチャン生活を変化させるのではないかと恐れるからです。もし私たちの想像力が鈍ければ、私たちはただそれらの新しい様式に慣れていないという理由だけで、そうした様式を嫌うでしょう。

私たちはまた、私たちが無意識のうちに当然のことと考えている私たち自身の基本的な思想パターンを、知らず知らずのうちに他人に押しつけることさえしているかもしれません。私たちは現在一九世紀初期の福音伝道者から十分に離れた所に立っていますので、彼らの中にあるそのような思考パターンに気付くことができます。そして私たちは、彼らが熱心さのあまり、知らず知らずのうちにしばしば彼ら自身の制約や特殊なキリスト教的生活様式を押しつけてきたことを知ることができます。人々は今日、そのような制限を無意識のうちに多く課しています。しかしもし私たちが純粋に人々が自立することを助けようと願うならば、そのような制限はたいしたことではないのです。主の霊のある所に自由があります。そしてヴィクトリア時代の宣教師たちは、彼ら自身の制限にもかかわらず、彼らの回心者を独立した精神を持つ者に仕立て上げたのです。私はかって、ベンガル人に初代分離派教会（Original Secession Church）の特殊な教義を教えることを強調したインド在住のあるイギリス人宣教師のことについて聞いたことがあります。私は、「ニュー・リディア」のような繰り返しのメロディー——それは、最初の分離主義者が国教会から分離した時に新しく造られた流行のメロディーであることは明白ですが——をベンガル人たちが間違っていると考えていたことを除けば、この教会の教義が何であるかを知りません。私は、この宣教師がしていることは奇妙で情けないことだと思います。しかしもし彼がそうした特殊な教義と共に、とにもかくにも人間を自由にする神の恵みを伝えていたならば、それがそれほど有害であったとは思わないのです。

一八九〇年頃、インドにあるキリスト教の伝道団を訪ねたキリスト教の聖職者は、家にいる子供たちに手紙を書きました。それによると、去年牛に引かれた荷馬車が彼を乗せて森の小道に沿って走っていましたが、それは道のわだちに沿ってスムーズに走っていました。突然馬車が激しく揺れたので、彼は何が起こったのかを見るために振り向きました。すると彼は、いたずら好きな少年たちが木の後に隠れて逃げ去っていくのを見ました。「それで彼は、すぐに彼がキリスト教の村に近付いていることを知ったのです」。

キリスト者は、時には「主イエス・キリストの恵み」を悪用するかもしれませんし、実際そうするものです。しかし明白な誤りに巻き込まれることを恐れて、すべてのキリスト教的な冒険から遠ざかることは、それよりもっと悪いことです。

もし私たちがキリスト教の哲学を捨て去ったならば、いったい私たちは他のいかなる哲学を選ぶことができるというのでしょうか？　今日、世界において流行している二つの哲学が存在します。一つの哲学は、心と身体の双方において人間を自由ではなく従属したものとするために、権力の大胆な使用を主張します。それは、社会のすべてのメンバーに、二、三人、ないし一人の人によって考えだされた詳細な思考パターンを押しつけることこそ、社会がなすべきことであると主張する計画重視の理論です。もし私たちがそのような圧政からしりごみをするならば、その替わりに私たちには他人を助けることさえ拒否する完全な非干渉の理論が与えられることになります。それによれば、私たちはすべての意見、すべての生活様式、そしてすべての宗教が同様に真実であること、ないしはそうでないことを信じなければならないことになります。実際には誰も、そのような平準化を組織的かつ普遍的に適用しようとは思わないでしょう。しかし人々は、すべてのものに対する自信の欠如や、彼らの周りに跋扈している悪に反対して行動しようとしない彼らの徹底した無気力さを正当化するために、そのようなやり方に訴えるのです。しかしあなたがたは、人間を孤立させることによっては、人間を自由にすることはできません。自由を創出するためには力が必要です。そしてもしその力が人間を自由にするものであれば、それは神の善（goodness）によって鼓舞された力でなければならないのです。

というのも、私は恵みを人間関係として叙述しようとしてきましたが、キリスト教の恵みが人間間の行為においてその特有の性格を帯びるようになるのは、人間の行為が神の恵みの経験によって鼓舞

（inspire）されているからです。「あなたがたは真理を知り、真理はあなたがたを自由にするでしょう」。したがって私たちは、来週の日曜日に私たちがこの講演をそれによって始めたところの神学に立ち戻ることにしましょう。

三　エペソ人への手紙二章八節

「あなたがたは、恵みのゆえに、信仰によって救われたのです。それは、自分自身からでたことではなく、神からの賜物です」。

私は先週の日曜日、恵み、つまりイエスの生涯において示された行為の新しい性格を描こうと試みました。私たちはその性格を、最初にイエスの癒しの中に見ました。その癒しは、肉体の病気によって自分たちの力を行使することのできない人々に対するイエスのあわれみからなされました。癒しは明らかに人々を自由にするものです。そしてこの同じ原則が、彼のすべての奉仕、つまり悩める心を癒し、罪人を悔い改めへと導くことの中にも含まれています。イエスは、肉体の病気に悩む男女——彼らは自分たちの力の行使を妨げられ、不自由にされている——を発見されました。自由にされた人間は、その自由を自分たちを不自由にするために用いたので、彼らは再び矯正され、彼らの自由は回復されねばなりませんでした。人々を救い、彼らの自由を回復するイエスの方法の中には、人々に真の生活様式とは何か、また神の国と神の義を求めることの価値、及び人々を不自由にするような取るに足らない利己的な目的を追求することの愚かさを考えるように教え導くことが含まれていました。

自由の回復のために私たち自身が必要としているものに知識があります。つまり人間とは何か、また人間の真の目的とは何かについての知識です。しかし知識だけでは十分ではありません。パウロは、「そうした知識を持っていたにもかかわらず」、「私は、自分でしたいと思う善を行なわないで、かえって、したくない善を行なっています。……私は本当にみじめな人間です」（ローマ人への手紙七章一九―二四節）と書いています。したがって、知識と共に、人々を導き、内側から駆り立てる力が必要です。こうした力をイエスは与えられたのです。イエスやイエスの弟子たちと接触した人々は、ためらい、利己心、そして恐れから解放されました。それらは、彼らが新しい生活様式に従うことを妨げていたものです。イエスは、そうした力が欠如していることは、信仰が欠如しているからだと語られました。彼は、弟子たちが信仰がないのを見て戒められると同時に、彼に直接従って来た人々のグループのみならず、それがまったく期待できなかった人々の中に、信仰の兆しをすぐに見いだし、それをことごとく歓迎されました。そして彼らは信仰を獲得して新しいスタートを切り、イエスとの接触の中から新しい生活様式に従う力を獲得したのです。というのもイエスは御自身が最高の信仰を持っておられ、御自身が自らの経験において発見したと同じ交わり、同じ神からの力を、他の人々が知るように望んでおられたからです。イエスの確信の力、彼の信仰の深さは、彼の周囲にいた人々に感銘を与えました。彼らは、自分たちに示されたイエスの行動の平静さ（serenity）や素朴さ（simplicity）に注目しました。信仰が他の人々に対する関心の広がりと結びつく時、それは他のなにものにもまさって広く浸透していくのです。

イエスの力は、彼が去っていかれるとなくなってしまうようなものでなかったことは、福音書の記述から明らかです。イエスが去ろうとされる時に弟子たちに望まれたことは、信仰とキリストの力を持つ人々が互いに助け合うような交わりを形成することでした。敵意と憎悪が彼に近付いていた時に、イエスは自分の信仰のことではなく、弟子たちの信仰のことを気づかわれました。彼らはイエスがいなくなっても、自分たちの使命を守り通すことができたでしょうか？　彼らはなおイエスの言葉が神から来ており、決して打ち負かされるものではない、という確固たる信仰を持つことができたでしょうか？

あなたがたはもうお分りになられたことと思いますが、私はイエスの働きとその結果をできるだけ平明な言葉で描写しようとしてきました。私が単純な言葉を用いることによって、イエスの信仰の本質的要素のいくつかを省略しなければならなかったことは事実です。しかし私は、意図的にそうしました。というのも今日、他のことに一切構わずに、これらの本質的要素を強調するドグマを熱心に擁護しようとする信者がいるからなのです。しかしそうすることは、イエスが首尾一貫して彼の弟子から要求された応答的活動（responsive activity）の重要性を無視するものです。もし私たちが応答しようとする人間の意志からまったく切り離された恵みを提供しようとするならば、私たちは信仰を、活気のない合理的な人間から全く独立して働く魔術的な非合理的力として考えていることになります。そうなれば、すべてのことが無意味となってしまうでしょう。というのもキリスト教の信仰は人間の中に働き、また人間の行動を通して働いてきたからです。信仰を行動から切り離すことは、パウロの福音にも、キルケゴールの神学的結論にも一致しえないものです。そして私たちは神の恵みに応答するか否かを決断しなければならず、不決断のままであってはならないのです。

ここでしばらく立ち止まって、次のことについて触れておく必要があります。つまり、キルケゴーが人間に自由を与える神の恵みについて語ったことから、いやしくも人道主義に似た何物かを私たちが導き出すならば、それはなにものにもまさってドイツに現在いるキルケゴールの賛美者を憤激させることになるでしょう。[私たちはまったくそうするつもりはありません。] しかしながら逆に彼らの欠点は、神の超越性とキリストの唯一無二性（uniqueness）を強調するあまり、イエス自身が彼の弟子になろうとするすべての人々に対して絶えず命じておられる積極的な活動にほとんど余地を残していないことにあるのです。

しかしいずれにしろ、人間の問題を表現する際に、内在か超越かという二者択一の言葉を受け入れることは、実在しないものを受け入れ、問題の争点を回避することになるのです。

さて私は、中断したところに戻ることにしましょう。私は初めに自然主義ないし人道主義が私たちの問題の十分な解決にはならないという結論を下しましたので、人間の心や霊の必要を満たすには、それ以上何が必要かを発見する義務があります。それらを満たすためには、何が登場しなければならないでしょうか？　現在まで非常に多くの慈善や博愛が人間の精神的な成長（stature）や崇高さ（nobility）をもたらすのに失敗してきました。したがって私たちは、それらがなぜ失敗したかを説明する必要があります。歴史のプロセスにおいて、人道主義的な博愛主義者の努力は何度も失敗し、彼らを行動へ駆り立てた推進力も失われてしまいました。それは創始者とともに死滅するか、そうでなくても新しい世代に興味を起こさせることに失敗した結果、忘れ去られてしまったのです。

私は、世界に対してキリスト教が与える贈り物を、「科学的で人を敬う精神をあわれみ深い心に奉仕させる」ことであると表現しました。その贈り物は、人間を自由にするための力の行使を含んでいるのです。

しかしそうしたキリスト教の贈り物は、近代の人道主義とはどのように異なっているのでしょうか？　多くの献身的で多大な成功を納めた人道主義者たちは、キリスト者ではないだけではなく、彼らの信念の根本的要素を構成している神に対する不信感を宣伝する使命があると感じています。彼らの中の誰一人といえども、彼らが生み出している評判の良い成功の大部分が、彼らより神学的な世代――その教えを人間社会に浸透させ、それを文明化した時代――のおかげであることを敢えて知ろうとはしないのです。彼らの多くは、自分たちが人々に提供しうる多くのものを持っていること、また自分たちがきっぱりと宗教なしにやっていけること、また人々の心を悩ましている迷信から社会を解放しさえすれば、時間の経過の中で、貪欲さや残酷さ、そして復讐をもたらす憎悪心が一掃され、すべての人々が他の人々の善のために働くことに完全な満足を見いだすような世界が形成されることを、本気で信じているのです。私たちはそれが本当かどうか、物事の成り行きを見守る必要があります。そして私たちにとって一層有益なことは、人間の歴史の中で世界的規模での革命的な変化を達成し、そして依然として世界に影響を及ぼし続けているキリスト教の経験を再考し、パウロがその経験において発見したことや語ったことを想起することなのです。実際キリスト教の経験は、奴隷にさえも霊の自由や計り知れないほどの無限の豊かな恵みをもたらし、いかなる憎悪にも打ち勝つことのできるような愛の力を示してきたのです。それは以前にもまして、男女が自由に個々人の多様性や冒険を楽しみ、共同体全体を豊かにすることを可能としたのです。それは、人々が神に奉仕している限り、苦難、苦しみ、そして死そのものさえ価値あるものとするような冒険的な生活を提供したのです。人々は、絶えず新たにされる生き生きとしたプロセスの中で、自分たちの役割を意識するようになりました。キリスト教の経験は、最も困難な試練にも打ち勝ってきました。それは戦う信仰であると同時に、あわれみ深い信仰であり、美しさと恵みの中に、自らを表現したのです。それは律法が要求する以上のものを与えることによって、律法に人間味を付与したのです。キルケゴールは、「目に見える世界全体」を考えた時に、その信仰や経験を「信じがたいもの」（inconceivable）と呼び、それが「すべての中で最も印象的なもの」であることに気付いたのです。「信じがたい」というのは、「目に見える世界全体」が二つの側面、つまり神の恵みの経験である美しさと、私たちが大嫌いな恐れと残酷さという対照的な側面を示しているからです。そして私たちのだれも、「目に見える世界全体」が有する圧倒的な力と、神の善が有する全能の力の双方が共に真実であることを、詳しくは理解できないのです。パウロは、この二つの面の和解をイエスの人格において発見しました。神の恵みを喜ぶことは、彼の信仰の一つの面であり、悪に対する容赦のない敵対は、彼の信仰の別の側面でした。彼は、悪に挑み、悪に打ち勝とうとする行動において、神の力が彼の中に働いていることを経験したのです。

私が今まで言おうとしてきたことの実際的な成果は恐らく次のようなことでしょう。

（1）もし私たちが今日生ける信仰を持ち、かつそれを保持しようとするならば、それは、私たちが持っているすべての精神と意志の力を必要とするでしょう。今日あまりにも多くの人々が、精神を集中させ、それを完全に発揮させる必要性を考えることなく、自分たちの人生を始めています。彼らは、自分たちに安全な仕事や満足した経済的・社会的立場を保証するような基準を越えて進むような直接的な心の衝動を感じていないのです。しかし、彼らはそうしようとする意志さえあれば、彼らが生活し行動するためのあらゆる素質を十分に発見することができる恵まれた立場にあります。そうした立場は、生涯において二度と来ないでしょう。それより以下の水準で満足することは、人生についてみじめで世俗的な考えをもっているからに他なりません。

（2）正義ないし善が存在と同様に最終的なものであることを信ずることの困難さ、また正しい神に対する信仰の意味を叙述することの無味乾燥さの原因は、私たちが知っているような道徳法、そして預言者以前のユダヤ人たちが知っていた道徳法が、その周りにあまりにも多くの一時的で偶然的なものを加えすぎているということにあります。もし私たちがもはや存在しない緊急事態に対応するために作られた規則を捨てさり、すべての時代に働いている偉大な指導的原理を保持することを学ばないならば、私たちは人間の知恵の遺産に近づくことはできないのです。本質的なものとそうでないものとを識別する健全な判断力は、イエスが彼の弟子たちに与えられた偉大な力の一つです。そして彼らはエルサレムにおけるヒエラルキーに対決するイエスの証人でした。彼らは、イエスが律法学者を非難されるのを聞きました。というのも彼らは、自分たち自身が聖霊に対して罪を犯しながら、律法の文字という重荷を人間に負わせていたからです。

イエスの教えは、礼拝者に課せられていた狭量で回りくどい規則を取り払い、神の法をもう一度単純なものにするための識別力を与えてくれます。

パウロをして宣教の熱意に燃え立たせたのは、イエス・キリストの恵みの中に現われた善の生ける、無尽蔵の特質でした。彼は、絶えず律法と恵みを対照させながら、恵みの測りしれない無限の豊かさを、飽く事無く強調しました。「あなたがたは、恵みのゆえに、信仰によって救われたのです。それは、自分自身から出たことではなく、神からの賜物です」（エペソ人への手紙二章八節）。そしてパウロは絶えず、彼を支えている恵みが彼を自由にしたことを強調しています。私たちは、重荷を覚えている教会に対してパウロが示した彼の実際的な教えを読む時に、神の恵みは人間の賜物の多様性——その多様性をキリスト教共同体は喜び、経験し続けなければなりません——に示されるとパウロが強調していることを発見します。キリスト教共同体は自由にその力を新鮮な用途のために使うことができます。しかし恵みは、神からの賜物です。

今日世界は、ある限定された大義のために自らの全人格を完全に捧げることによって、自分たちの神経質、恐れ、そして淋しさという重荷からの解放を求める人々で満ちています。新しい異教徒の信仰が私たちの間で栄えています。人々は、彼らの個人的な献身や、この献身によってもたらされた彼ら自身の救いを叙述する際に、宗教的な言葉を用います。しかしながら彼らは、いやしくも個人的な献身を自由と呼ぶならば、彼らが完全な自由として獲得するものを叙述することが困難であることを見いだします。彼らはその代わりに、これらの新しい有限の神々の前に個人を放棄すること、それどころか個人を絶滅することを称讃するのです。画一性や全会一致が美徳となり、相違や多様性が悪となります。そして賜物——有限の神はそれを嫌っている——は無慈悲に抑圧されるのです。

しかし私たち人間は、礼拝や奉仕なくしては、気紛れでとるに足らない欲求のとりこから解放されることはできません。（私たちの祈りのよく知られた言葉を用いるならば）私たちが神に仕えることがなければ、私たちは完全な成長を遂げることはできません。まさに神に仕えることの中に完全な自由は存在します。もし私たちが神の全能の力を信じることを止めるならば、私たちは人間を信じることを止めるのです。

訳注

（1）このキルケゴールからの引用は、若干の省略はあるがリンゼイの *Religion, Science and Society in the modern world,* 1943. p. 57-58. の中にもほとんどそのまま掲載されている。なおこの部分の翻訳は、渡辺雅弘訳『自由の精神――現在世界における宗教、科学、社会』（未来社、一九九二年、一二六―一二八頁）を使用させていただいた。このキルケゴールの言葉の出典についても、同翻訳書の一五二―三頁を参照。なお「パウロとキルケゴール」という三回にわたる講演は、『自由の精神――現代世界における宗教、科学、社会』の第三章「権力と自由」の部分と内容的に一致するといえよう。

訳者あとがき

本書は、A. D. Linsay, *The Nature of Religious Truth*, 1927. と "The Good and the Clever", 1945, in: *Selected Addresses*, 1957, "St. Paul and Kierkegaard", 1948, in: *Selected Addresses* の翻訳である。著者リンゼイ（一八七九年―一九五二年）については、永岡薫訳『民主主義の本質』（未来社）の「あとがき」を参照していただきたい。現在日本語に翻訳されているリンゼイの書物としては、『資本論入門』（木村健康、音田正巳訳、弘文堂、一九五一年）、『カール・マルクスの資本論』（改訳、弘文堂、一九七二年）、『二つの倫理』（中村正雄訳、弘文堂、一九五九年）、『民主主義の本質――イギリス・デモクラシーとピューリタニズム』（永岡薫訳、第一版、一九六四年）、『現代民主主義国家』（紅藤信義訳、第一版、一九六九年）、『自由の精神――現代世界における宗教、科学、社会』（渡辺雅弘訳、未来社、一九九二年）がある。またリンゼイの研究書としては、永岡薫編著『イギリス・デモクラシーの擁護者A・D・リンゼイ――その人と思想』（聖学院大学出版会、一九九八年）がリンゼイの人と思想を知る上で最適である。

A・D・リンゼイの民主主義論は我国においても良く知られているし、現代日本の民主主義の問題や将来を考える上でも極めて啓発的である。そして彼の民主主義論を根底において支えているのが、彼の卓越したキリスト教理解である。読者は、本書で訳出した三つの著作を通して、彼のキリスト教理解、そしてキリスト教によって裏打ちされた彼の人間観の深みに接し、感動を覚えざるをえないであろう。

『宗教的真理の性格』は、リンゼイがオックスフォードのベィリオル・カレッジの学寮長として行なった一連のチャペル講話であり、リンゼイのキリスト教観を知る上で極めて重要な著作である。この一連の講話を一貫している問題関心は、キリスト教に背を向け、無関心となってしまった若い世代の人々に、キリスト教のアクチュアリティを示すことであった。彼は第一次大戦後の精神史的状況について次のように述べている。

「私たちは、幻滅の時代、疑いと不信と恐怖に満ちた世界に住んでいるのです。私たちは戦争の傷跡を単に戦死者に見るだけではなく、大多数の人々の精神的衰弱や道徳的基準の崩壊の中に見ています」。（一九頁）

こうした状況下で多くの人々は、ニーチェのツアラツストラの《神は死んだ》という言葉が現実のものになったと考えた。しかしリンゼイは、第一次大戦の悲惨によって否定されたのは、自己満足に陥り、御利益宗教に走ったキリスト教であり、真のキリスト教の精神は、そうした絶望や疑いをくぐり抜けて、人々に生きる力と希望を与え続けるものであることを力説したのである。リンゼイはキリスト教のドグマや習慣を金科玉条のように保持し、生ける命を失ってしまった信仰のあり方を批判し、キリスト教がいかに人間と社会を変革する力を持っているか、また福音と共に生き、聖霊の力に生かされることがいかに重要かを強調したのである。彼が死せるドグマを批判し、キリストとの出会いという《宗教的経験》を重視するのも、この文脈においてである。もちろんキリスト者として彼はドグマそのものを批判しているのではない。ドグマが慣習化し、人々の生活を変えるいかなる力を持ちえない時に、それは人間にとって桎梏となるのである。リンゼイは、ドグマから《宗教的経験》を導き出すのではなく、《宗教的経験》によってドグマの真実性を立証する道を選択したのである。経験を通して真理を確証していく彼の《宗教的経験主義》は、まさにイギリスの経験主義の伝統が宗教的領域においても継承されていることの証左であろう。彼はまさにこうした視点から、悔い改めやキリストの神性や贖いの教義のリアリティに迫り、それらを死せるドグマから生けるドグマへと変革しようと試みたのである。それは、キリスト教を神学者や教会の支配から解き放ち、普通の人々の生ける経験にすると同時に、単に知的領域に留まらない、生活の隅々に及ぶ《信仰の全体性》を回復しようとする試みであった。リンゼイにとって《宗教的経験》の本質は、生けるキリストの出会いを通して新生を経験し、偉大な力に自らを明け渡すことであった。人生や社会を動かす力はもはや人間から生じてくる有限な力ではなく、人間を通して発揮される《聖霊の力》（power of spirit）であった。この

《聖霊の力》によって不断に生かされている者のみが、慣習や伝統や組織の牢固とした枠を打ち破り、新しい精神の息吹をもたらすことができるのである。こうしたキリスト教観は、彼の人生を支え、導いたのみならず、彼の政治哲学や民主主義論を根底において支えているものである。

ところで、リンゼイはこの《宗教的経験》について九の「宗教的真理の性格」で詳細に検討しているが、それは本書の中心的部分を占めるものである。《宗教的経験》によって把握される宗教的真理は、知的で論理的な方法によって把握される科学的真理ではなく、それとは他の方法によって到達されるべき真理である。科学的真理以外に、詩的真理、歴史的真理が存在するように、宗教的真理も存在する。真理一般と諸々の領域の真理との関係は類と種との関係にある。リンゼイは、プラトン、シェークスピア、テニスン、ワーズワースを引き合いに出しながら、科学的真理とは異なる詩の真理――それは、読者の中に詩人の経験を再現することにおいて生じてくる――の性格について言及した後、旧約聖書のヨブの経験を引き合いに出して宗教的真理の性格を論じている。ヨブは神に忠実であったにもかかわらず、一瞬にして不幸のどん底に陥った。ヨブはなぜ正しき者が不幸な目に会い、不正な者が栄えるのかという問題に苦闘する中で最終的に、彼は「私はあなたのうわさを耳で聞いていました。しかし、今、この目であなたを見ました」（ヨブ記四二・五）と、神に対する信頼を表明したのである。たしかにヨブは自分の問題に対する知的な解答を与えられることはなかったが、彼は最後まで神に従おうとするその姿勢の故に、神の全能と神の配剤に対する宗教的真理を獲得したのである。宗教的真理はまさに宗教的であろうとする人に自ずと示されるのである。彼は言う。「キリスト教は私たちの心が受け入れることのできる知的な命題ではありません。それは、私たちの意志にかかわらず想像力をかりたててくれるような芸術作品でもないのです。キリストの生と死の意義は、私たちがキリストとともに生き、聖パウロによれば、ある意味ではキリストと共に死ぬことによってはじめて理解することができるのです。」（一四四頁）もちろんリンゼイはこうした宗教的経験や真理が過度に主観的なものになりうる危険性を看過してはいなかった。したがって彼は、宗教的真理が科学的な知識によって理解されないとしても、それと矛盾することがあってはならないことを主張する。また宗教的な経験は、確かに個人によって経験されるものであるとしても、その本質的な部分は宗教的共同体によって共有されるべきものであった。そして各人の経験の本質的な部分を示す基準こそ、まさに教義であり、信仰箇条であったのである。ドグマが人々の経験からかけ離れ、自己目的化する時、それは死せるものとなるが、それが個々人の豊かな宗教的経験によって再発見される時、逆にそれは宗教的体験を普遍化し、それを後世へと伝えていく役割を果たすのである。

余談になるが、私が『宗教的真理の性格』を初めて見たのは、京都大学文学部の哲学の図書室においてであった。そこには「田辺元寄贈」と記されていたが、この京都学派の独創的な哲学者がリンゼイのこの書物をどのように読み、キリスト教とどう対決したのか大いに興味を引かれた思い出がある。なお本書は、Ｔ・Ｈ・グリーン夫人に捧げられている。

「善良な者と利口な者」は、リンゼイが一九四五年にケンブリッジのギルトン・カレッジの創設記念において講演したものである。そこには彼の人間観が余すことなく示されており、民主主義を担うべき人間のあり方が、西欧の思想史の検証を通じて、明らかに示されている。彼の信仰に裏打ちされた《プレイン》な人間のありかたは、利口さや、科学技術万能主義や能率至上主義に走りがちな近代的人間に警鐘を乱打し、人間性の回復を訴えているといえよう。リンゼイにとって、《プレイン》ないし善良な人間は、「自分自身を他の人々の立場に置く想像力、また想像力を持って他人に共感する能力、そして地位や富や能力やその他すべての差異を越えて、本質的な人間存在に到達する能力を持っている人」（一七七頁）であった。その典型的な人物をリンゼイは、ドフトエフスキーの『カラマーゾフの兄弟』に登場するゾシマ長老に求めている。近代における支配的な人間像は、ホッブスやベンサムによって主張された快楽主義的人間観であった。ここでは、快楽を追求し、苦痛を避けることが至上目的とされ、利口で抜け目がないことが評価された。とりわけ自然科学的方法が人間や社会の分析に導入され、人間はバラバラの原子としてしか考察されなくなった。その結果、たしかに人間の平等は達成されたとしても、それは物理的・生物学的平等であり、個々人の中に人格の尊厳と無限な可能性を見るキリスト教的平等は無視されてしまったのである。こうした功利主義的人間は、自らの利己的な利害の追求に熱心なあまり、他人に共感する能力や、他人の人格を敬う能力を麻痺させ、結果として豊かな共同社会の形成を危機に晒すのである。こうした利口な人間に対して、善良な人間、つまり《プレイン》な人間を回復したのがJ・J・ルソーであった。カントはルソーの『エミール』を読み、自らの知的傲慢を反省し、「ルソーは私のおもいあがりを正してくれた。この盲目的な思い上りは消え失せた。私は人々を尊敬することを学んだ」と述べたのである。

もちろん、リンゼイの理想は善良さと利口さ、人々を敬い、共感する能力と専門的知識や科学技術を総合することであった。彼は科学万能主義を退けるとともに、道徳万能主義をも等しく退けたのである。しかし彼の講演の基調は、いかにして《プレイン》な人間、善良な人間のあり方を取り戻すかに置かれている。こうした人間観の回復こそ、リンゼイにとって最も焦眉の課題であり、人間の生存、共同社会のありかた、そして西欧文明の行方の命運を握るものであった。彼のホッブスやベンサムに対する激しい批判も、こうした《プレイン》な人間の回復という彼の情熱の発露にすぎなかったのである。その意味において、「善良な者と利口な者」というリンゼイの講演は、彼の政治哲学や民主主義論を知る上で極めて重要なものといえよう。

最後に訳出した「パウロとキルケゴール」は、リンゼイが一九四八年にベィリオル・カレッジにおいて三回連続で行なったチャペル講話である。キルケゴールは、ドストエフスキーと並んで、リンゼイに最も影響を及ぼしたキリスト教思想家であった。彼は、キルケゴールの一節を引用しつつ、権力と自由の問題を展開する。すでにリンゼイは、『自由の精神』(渡辺雅弘訳、未来社)の第三章「権力と自由」において、権力と自由を対立的にのみ理解することに対して異議を唱えた。権力は必ずしも自由に対立するものではなく、人々を自由にするためにこそ用いられるべきであった。リンゼイにとって力と自由とは、車の両輪であった。リンゼイは権力（Power）という言葉で、単に政治的権力のことだけを思い浮べたわけではなかった。医者は肉体を癒す力を持っており、精神科医は心を癒す任務があり、宣教師は魂を癒す力を与えられている。また科学者は、「知は力なり」というベイコンの言葉が示しているように、科学的知識を用いて、自然を征服する力を獲得する。またリンゼイは、自由という言葉を政治的権力からの自由という意味で使用しているわけではない。彼にとって自由とは、人間に与えられた無限の可能性と素質を十分に発揮することであるが、いかんせん人間は、肉体の病気、精神の病、罪の苦しみ、外界に対する知識の欠如によって、不自由の状態に置かれているのである。したがって権力は、人間を従属するためではなくて、まさに自由にするために積極的に用いられるべきであった。リンゼイにとって人間をまったき自由へと導く力は、神の全能の力以外にはなかった。

人間の力は、そこに利己的な打算が介在するので、人々を自由ではなく、隷属へと導く危険性があったのである。彼はキルケゴールを引用しつつ、次のように述べている。

「一人の人間は、もう一人の人間を完全に自由にすることはできないが、それはなぜだろうか。そのわけは、人間は権力を握ってそのとりことなると、必ずや自由にしてやりたいと思う当人と誤った関係を取り結ぶことになるからだ。すなわち、どんな権力といえども、それが有限なものである限り、有限の自己愛しか含んでいないということなのだ。ひとり全能者たる神のみが、惜しみなく与えながら、みずからを取り戻すのだから、神と人間との間には神を受容する者の自主独立以外の関係は存在しない。したがって、神の全能は神の善性の現われにすぎない。なぜなら、神の善性とは、完璧に与え尽くすことにあるからで、……この善を受け取る者を独立した、自主的な存在にするのである」。（一九八―九九頁）

リンゼイにとって、人間の力が他人を自由にするために行使されるためには、その力を行使する者自身が神の力ないし聖霊の力によって生かされている必要があった。神の力によって自由にされた者だけが、その恵みの解放の力を伝えることができるのである。同様に他人に力を行使する人々は、他人の無限の可能性や《他者性》（Otherness）に対して尊敬の念を持つことが重要であった。《他者》に対する尊敬の心が失われる時に、他者は権力行使の道具や対象にされてしまうのである。この講話の中でもリンゼイは、「科学的な精神をあわれみ深い心に奉仕させる」ことの必要性を力説した。科学的な精神や科学的知識だけが自己目的として追求され、発展させられる時に、それが逆に人間性を破壊する方向に向かう危険性をリンゼイは鋭く認識していたといえよう。

このように一方においてリンゼイは、権力を否定的に見て、権力と自由を相対立して見る見方に反対すると同時に、権力がその有限さの故に人間を自由にではなく、隷属にもたらす危険性を見抜いていた。啓蒙専制君主という言葉があるように、知識は人々を支配する道具に使われたことがしばしばであったし、キリスト教のミッションでさえも、しばしば誤りを犯してきたのである。精神科医がその力を乱用するならば、まったく精神科医に隷属する人間を作り出すことも可能であろう。政治権力の場合はこの危険性は一層大きなものとなる。そうした中でリンゼイは、人間の自由の達成のために必要な権力の契機を正しく認識すると同時に、その権力がいかにしたら正しく行使されるかを考察したのであった。その解答を一言で要約するならば、権力を行使する主体は、たとえ彼らがいかなる職業についていたとしても、他人に対する共感や尊敬を持ち、他人の中にある無限な可能性を大事にする《プレイン》な人間である必要があるということである。

以上、本訳書に収載した著作について簡単な紹介を行なった。三つのチャペル講話の中で一貫しているリンゼイの問題関心は、いかにしてキリスト教が現代の世代に対してアクチュアリティを持ちえるのか、またそれが単に宗教という狭い領域に限定されるのではなく、人間性や社会や政治を内側から変革している力を持ち得るにはどうしたらいいのかであった。彼は、「聖なるものと俗なるものとの間にはっきりした区別は存在しないこと、宗教は私たちの日常の生活全般に関わっているということです。両者を厳重に区別することは疑問です。」（九八頁）と述べているように、キリスト教の恵みの力や聖霊の力の社会形成力を、一七世紀のピューリタンたちと同じように、最後まで信じ続けたのである。

本書の翻訳に際しては、多くの方々から多大な励ましと助けをいただいた。聖学院大学の永岡薫先生は、リンゼイの書物の翻訳を勧めて下さると同時に、浅学なわたしたちに、リンゼイ研究の重要性と魅力を説き続けてくださった。滋賀大学の小西中和先生には翻訳に関して貴重なアドバイスを受けたことを心から感謝したい。また大阪国際大学の徳永由紀子先生は、貴重な時間を割いて、英文学の文献を提供して下さり、また難解な箇所の翻訳を助けてくださった。また大阪国際大学のニボン先生からは、ラテン語の翻訳を教わった。二人の先生には日頃の親交を含めて、感謝すること大である。

なお本訳書の共訳者である藤井哲郎氏は、一九九九年二月に本訳書の完成を見ることなく、忽然として天に召された。本訳書になみなみならぬ情熱を注がれただけに、出版の日を見ずに他界されたことは本当に残念である。しかし本訳書が多くの人によって愛され、読みつがれていくことが藤井氏の願いであったことを考えると、本訳書を藤井氏が遺された精神的遺産の一つと考えることもできよう。故人の生前の業績を偲ぶと同時に、奥様と二人のお子さまのこれからの人生に神様の豊かな祝福があるように祈る次第である。

最後に、本書の出版のために尽力された聖学院大学出版会の山本俊明氏に謝意を表したい。

二〇〇〇年一二月一八日

古賀敬太

マ

ラ

ワ

タ

ナ

ハ

人名索引

ア

カ

サ

訳者紹介

古賀敬太

1952年　福岡県に生まれる。
1985年　京都大学大学院法学研究科博士課程修了
現　在　大阪国際大学政経学部教授，法学博士（京都大学）
著　作　『ヴァイマール自由主義の悲劇』（風行社、1996年）
『カール・シュミットとカトリシズム』（創文社，1999年）
『近代政治思想における自由の伝統』（晃洋書房，2001年）
共　著　『イギリス・デモクラシーの擁護者 A・D・リンゼイ―その人と思想』（聖学院大学出版会、1998年）

藤井哲郎

1950年　兵庫県に生まれる。1999年２月死去
1978年　神戸大学大学院法学研究科博士課程修了
白陵高等学校教諭
共　著　『現代政治学要論』（晃洋書房、1981年）
論　文　「ヘーゲル『法の哲学』における国家，団体，市民」（『東京経済大学会誌』201号，1997年）

オックスフォード・チャペル講話
――デモクラシーの宗教的基盤

2001年２月10日　初版第１刷発行

著　者　A. D. リンゼイ
訳　者　古賀敬太／藤井哲郎
発行者　大木英夫
発行所　聖学院大学出版会

〒362-8585 埼玉県上尾市戸崎１－１
電話　048-725-9801
E-mail:press@seigakuin-univ.ac.jp.

堀内印刷 ISBN4-915832-37-6

A. D. リンゼイ著作シリーズ

アーネスト・バーカーと並ぶ現代イギリスの政治学者，道徳哲学者，アレキサンダー・ダンロップ・リンゼイの近代デモクラシーとキリスト教の関わりを論じた主要著作を翻訳し，「著作シリーズ」として出版する。

永岡薫・山本俊樹・佐野正子 訳

①私はデモクラシーを信じる

四六判　152頁　2400円
4-915832-36-8（2001）

「民主主義の本質」などで知られる英国の政治哲学者 A. D. リンゼイが BBC 放送にて発表したデモクラシー論の他に，トレレーション，個人主義に関する論文を加えた。本書のメッセージは，われわれにデモクラシーへの確信をいつまでも色あせることなく堅くさせる。

古賀敬太・藤井哲郎 訳

②オックスフォード・チャペル講話
—デモクラシーの宗教的基盤—

四六判　248頁　3400円
4-915832-37-6（2001）

「民主主義の本質」などの著作で知られる A. D. リンゼイはオックスフォード大学副総長，ベイリオル・カレッジ学長をつとめたが，本書はオックスフォードにおける講話を集めたもので，リンゼイの政治哲学の根本にあるものが示されている。現代社会への鋭い問いかけがある。1. 宗教的真理の性格，2. 善良な人と利口な人，3. パウロとキルケゴール，など。

山本俊樹・大澤麦 訳

③キリスト教諸教会とデモクラシー

ナチスの台頭という時代状況の中で，古代ギリシャから16，17世紀のプロテスタンティズムとヒューマニズムの抗争過程を論じる。ピューリタン革命の中に生まれた「集いの意識」や「共同思考」「討論」によってこそ，批判可能な「公的空間」が形成され，「人々が非合理で感覚的な大衆プロパガンダから自由であることが可能になる」ことを指摘している。

田中豊治・井上昌保 訳

④キリスト教と経済学

本書は，オックスフォード大学の「ホラント記念講演」として，R. H. トーニーの「宗教と資本主義の興隆」を受けて講演されたものである。著者は，トーニーの問題意識を継承しつつ，現代における資本主義が機構的に生み出した「人間疎外」の問題に対して，キリスト教的な社会理念に基づく解答を提示している。